1ª Edição, 2007
1ª Reimpressão, 2022
Editor: André Boccato
Projeto Gráfico: Casa do Design- Camilla Sola e Flavio Giannotti
Coordenação Editorial: Cristiane Socci Leonel
Pesquisa e Texto do capítulo "História do Churrasco": Ricardo Maranhão
Texto do capítulo "O Churrasco e o Vinho": Carlos Cabral
Fotografias: Cristiano Lopes / Emiliano Boccato / Luna Garcia, págs. 24, 42, 91 e 101; Léo Platcheck (Fotos do Rio Grande do Sul e reprodução das ilustrações do capítulo "A história do Churrasco", pág. 136; Nil Fábio, pág. 30 e 31; Acervo ABIEC, págs. 48 e 146; Acervo GiraGrill, pág. 33; Acervo Weber, págs. 28, 33 e 39; Acervo Tramontina, pág. 37; Acervo Viking, pág. 43.
Revisão: Rita Pereira de Souza Boccato
Tratamento de Imagens: Eduardo Schultz
Coordenação Administrativa: Maria Aparecida C. Ramos
Assistente: Maíra Viganó Ferrari
Produção: Airton G. Pacheco
Cozinha Experimental: Aline Leitão, Isabela Espíndola e Ivanir Cardoso
Peças e objetos: Cecília Dale Presentes, Empório Jorge Elias, M. Dragonetti Utensílios de Cozinha, Nelise Ometto Atelier de Cerâmica, Pepper, Raul's, Roberto Simões Presentes e Stella Ferraz Cerâmica
Churrasqueiras: Chama Bruder, Colorado Grill, GiraGrill, Mitsumaru, Raul's, Apollo, Viking, Casa do Churrasqueiro e Weber
Agradecimentos especiais: Bontempo e Móveis Ecco
Consultoria técnica: Andrea Veríssimo (ABIEC)

EDITORA GAIA
Diretor Editorial: Jefferson L. Alves
Diretor Geral: Richard A. Alves

Dados Internacionais de Catalogação na Publicação (CIP)
(Câmara Brasileira do Livro, SP, Brasil)

Editora Boccato Ltda. EPP
Rua Afonso Bras, 473, cj. 33 - Vila Nova Conceição
04511-011 - São Paulo - SP- Brasil
(11) 3846-5141
editora@boccato.com.br / andreboccato@gmail.com

Editora Gaia Ltda.
(pertence ao Grupo Global Editora e Distribuidora Ltda.)
Rua Pirapitingui, 111-A - Liberdade
01508-020 - São Paulo - SP - Brasil
(11) 3277-7999
www.globaleditora.com.br - gaia@editoragaia.com.br
Nº de Catálogo: 2991

Boccato, André
  Churrasco : uma paixão nacional / André Boccato.-- São Paulo : Gaia ; Editora Boccato, 2007.

  ISBN 978-85-7555-159-2 (Gaia)

  1. Churrasco - Culinária I. Título.

07-9517   CDD-641.578

Índices para catálogo sistemático:
1. Churrasco : Culinária   641.578

© Copyright Editora Boccato – As receitas aqui apresentadas são de propriedade de Editora Boccato, e não podem ser reproduzidas (sob qualquer forma impressa ou digital) sem ordem expressa de seu detentor. Todas as receitas foram testadas, porém sua execução é uma interpretação pessoal. As imagens fotográficas das receitas são ilustrações artísticas, não reproduzindo necessariamente as proporções das mesmas. Assim, a Editora Boccato não se responsabiliza por eventuais diferenças na execução.

churrasco uma paixão nacional

DO CHURRASCO E SUAS DIDÁTICAS
por andré boccato

Certa vez, enquanto me preparava para mais uma sessão de fotos de gastronomia, soube que o cozinheiro faltou. Não tive dúvidas. Larguei a máquina, arregacei as mangas e fui para o fogão preparar o tal prato.

Assim começou minha vida de profissional de gastronomia. Já a vida gourmand, aquela relacionada à apreciação das coisas boas da vida, remonta aos tempos de experimentar os primeiros vinhos e aromas da cozinha italiana. Era um tempo em que homem não entrava na cozinha, domínio exclusivo das rainhas do lar. Para nós, restava o calor do braseiro!

Tempos modernos: hoje homens e mulheres estão à frente das caçarolas, democracia esta muito bem-vinda no churrasco. Mas, algo mudou. Há um aprimoramento, um certo jeito de apreciar a carne que antes era mais rústico e agora torna-se sinônimo de padrão de qualidade. Dá para saber se a carne ficou boa pelo rumo que a fibra foi cortada. Isso é sinônimo de tempos modernos. Vamos comemorá-los.

Vale lembrar, no entanto, que a celebração dos sentidos implica em treinar a sensibilidade. Não basta comer e beber, isso é para o os neandertais e cozinheiros das cavernas. É preciso degustar. Hoje, a vida é celebrada a cada instante, e no momento de reunir amigos – já que este é de fato o objetivo – é obrigação de quem recepciona se preocupar com todos os detalhes da festa.

Para o iniciante, este livro procura informar os passos básicos na arte da grelha, inclusive com dicas de como organizar a festa. Para quem já é do ramo ou iniciado, esta publicação tem como objetivo agregar mais sabor às ideias convencionadas – umas, digamos, bastante "modernizadas". Que me perdoem os puristas, mas a gente tem que inventar sempre! Por isso, fico feliz em reunir um pouco de tudo, sem querer ser rígido demais às convenções gastronômicas e de etiqueta, mas apresentando o essencial para comemorar essa nossa paixão nacional!

Verdade seja dita, não represento nada mais que um cozinheiro na churrasqueira. Por isso, venho por meio deste livro homenagear grandes mestres da arte do churrasco. Minha intenção é cultuar, acima de tudo, a mais importante manifestação gastronômica nacional.

Quero agradecer aos amigos que incentivaram este projeto, aos que "puseram fogo na brasa" e àqueles que ajudaram a abanar o braseiro e participaram deste projeto coletivo.

André Boccato

12 VAI ROLAR A FESTA

28 ESSES CHURRASQUEIROS E SUAS INCRÍVEIS MÁQUINAS

38 FAQ – PERGUNTAS FREQUENTES

46 ENTENDA SOBRE O BOI E SEUS CORTES

104 NOVIDADES QUE DÃO SABOR

136 A HISTÓRIA DO CHURRASCO
por ricardo maranhão

156 GLOSSÁRIO

vai rolar a festa

FOI-SE O TEMPO EM QUE FAZER UM CHURRASCO ERA "CHAMAR UNS AMIGOS, COMPRAR CARVÃO E UMAS CARNES". ESTÁ CERTO QUE TAMBÉM NÃO SE TRATA DE UM EVENTO DE POMPA, MAS DE FATO HOUVE UMA GRANDE EVOLUÇÃO NA GASTRONOMIA NOS ÚLTIMOS TEMPOS, E O CHURRASCO TAMBÉM PODE TER AS SUAS SUTILEZAS. EU, COMO UM FESTEIRO-
-CHURRASQUEIRO, AFIRMO QUE O SABOR DA PICANHA NÃO É SUFICIENTE PARA SEGURAR A FESTA – É PRECISO PENSAR NA RECEPÇÃO DOS CONVIDADOS, NA LIMPEZA, NA SEQUÊNCIA DO SERVIÇO, NA BEBIDA E, SOBRETUDO, NO BEM-ESTAR DE TODOS.
ENFIM, SER CHURRASQUEIRO NÃO BASTA, TEM QUE PARTICIPAR...
QUERO DIZER, ORGANIZAR.

CONVIDANDO OS AMIGOS

Tenho uma boa experiência em fazer listas de amigos, mas ainda assim muitas vezes erro na conta. No Brasil, ninguém confirma a presença numa festa, e muitos dos que confirmam não aparecem. Sem falar naqueles que você não esperava e ainda chegam trazendo acompanhantes. Então, neste imponderável, eu tenho uma regrinha: em dias normais, dois para um, ou seja, de cada dois convidados, um vem. Caso esteja muito frio, menos do que 50% virá. Se o tempo estiver aberto, com sol, mais da metade aparece. Resultado: melhor fazer um cursinho de congelado, exagerar nas compras e, quando sobrar, congelar tudo. Parece brincadeira, mas não é. A moderna técnica de churrasco exige que você saiba congelar muito bem as peças. Neste livro, inclusive, todas as receitas são perfeitamente congeláveis. Principalmente, as de manteigas com especiarias e as de molhos.

Outra questão importante é saber controlar o número de convidados, porque churrasco não funciona com menos de 10 pessoas e fica muito difícil organizar com mais de 50 (falando de churrasco doméstico, claro). Então, para não errar na recepção dos amigos, procure manter-se nesta faixa. E se basear nela para as compras e para toda a logística da festa. Para os mais organizados, sugiro até que se calcule o número de homens, mulheres e crianças. Imaginando sempre, nesta sequência, que os homens comem mais que as mulheres, e estas comem mais que crianças pequenas.

Uma boa dica: sempre marque o horário do seu churrasco com pelo menos meia hora de antecedência. Como quase todo mundo chega um pouco mais tarde (outra mania de brasileiro), você utiliza este tempo para definir os últimos detalhes (como colocar na mesa os pãezinhos e bebidas principais) e ainda tem tempo para deixar à mão os seus utensílios especiais (jogo de facas, garfo etc.) e começar a acender o braseiro.

COMO CALCULAR AS QUANTIDADES

Tendo uma ideia razoável de quantas pessoas virão, a grande questão é quanto vamos comprar de carnes.

Uma regra básica: homens comem mais que mulheres. E homens também bebem mais que mulheres, quero dizer... em geral, homens bebem mais cerveja, mulher gosta mais de caipirinha, e existe uma nítida tendência de ambos beberem vinho na mesma proporção.

A outra regra básica é que caso você tenha pouca variedade de carne, o consumo per capita é menor do que quando oferece muitas opções. Isso porque as pessoas tendem a exagerar provando de tudo um pouco.

Em geral, cada pessoa come de 350 g a 500 g, isso supondo que apenas uma carne seja servida na ocasião. Ou seja, para cada 10 pessoas, precisaremos comprar entre 4 e 5 quilos de carne. Agora, se estamos pensando em oferecer uma grande variedade de peças, o correto é calcular quase 1 kg por pessoa. Pode parecer exagero, mas é a conta menos arriscada, pois caso todos resolvam comer uma mesma carne, não há a chance de alguns ficarem passando vontade. E você, como bom churrasqueiro, quer deixar todos da festa muito satisfeitos, não é mesmo?!

EXEMPLO 1

5 kg de Picanha
1 kg de Linguiça

TOTAL
6 kg de carne (600 g para cada convidado)

EXEMPLO 2

4 kg de Picanha
2 kg de Alcatra
1 kg de Maminha
1 kg de Contrafilé
1 kg de Linguiça

TOTAL
9 kg de carne (900 g para cada convidado)

OBS.: ao calcular o peso das carnes, é importante desprezar o peso dos ossos.

MONTANDO O CENÁRIO

Preparar um ambiente gostoso e funcional faz parte de qualquer festa, mas muita gente ainda deixa a desejar quando o assunto é churrasco. Não se trata de requinte, mas um de pouco de cuidado com a apresentação e a logística da ocasião.

Uma mesa auxiliar em lugar fresco para colocar talheres, guardanapos e louças é recomendável. Calcule o número de pessoas, e se não tiver quantidade suficiente de louças, hoje há empresas que alugam a um custo razoável. E esqueça os pratos e talheres de plástico, já que não são nada funcionais. Prefira as louças brancas e boas facas para cortar as carnes – nada mais chato e deselegante do que ficar "brigando com a carne".

Disponha também os copos por tipo, sendo indispensáveis pelo menos três: os de vinho, os de refrigerante e os de cerveja. Numa outra mesa, preferencialmente grande, acomode as saladas (com temperos e molhos ao lado) e, na outra ponta da mesa, os pratos quentes, como farofas e arroz. Uma dica importante: se não tiver *réchaud*, vá dispondo os pratos quentes em poucas quantidades e repondo sempre que necessário para evitar servir comida fria. Eu também gosto de servir uma boa cesta de pães variados – caem muito bem com a carne e costumam agradar as crianças. Ah, e não se esqueça de uma boa música. Um som agradável deixa o ambiente muito mais acolhedor.

UM GOLE DE PRIMEIRA

A bebida também merece um cuidado especial nessa festa. Vamos começar pelo acompanhamento oficial dos churrascos: a cerveja. Essa loirinha representa uma outra paixão nacional e, portanto, presença indispensável em qualquer churrasco.

Vale lembrar, no entanto, a regra básica de qualquer harmonização: quanto mais gorduroso for o prato, mais alcoólica e encorpada deve ser a bebida. Ou seja, se considerarmos essa premissa, uma loirinha brasileira, do tipo Pilsen, combina melhor com carnes mais magras, como a maminha. E, caso você seja do tipo que gosta de cervejas mais encorpadas, como uma Weissbier (que leva trigo na sua produção), sugiro prová-la com carnes mais gordas, como a picanha.

No momento da festa, a dica é ficar atento às quantidades e temperaturas. Cervejas claras e leves devem ser bem resfriadas, preservadas preferencialmente em uma geladeira, que mantém a temperatura adequada. As mais encorpadas devem ser mantidas em temperatura por volta dos 15 graus.

O cálculo por pessoa depende muito dos convidados em questão (homens, mulheres, crianças), mas eu costumo ter à mão pelo menos 750 ml de bebida por pessoa. Assim como a carne, no entanto, a quantidade de bebida ingerida pode depender da variedade: quanto maior for a diversidade, maior deve ser a quantidade total. Refrigerante e água devem ser servidos em abundância. Aliás, o exagero nesse caso não faz mal algum, uma vez que tudo o que sobrar pode perfeitamente ser aproveitado para consumo diário ou servir de desculpa para uma próxima festa.

Outra importante acompanhante dessa festa é a caipirinha, que, por sua alta graduação alcoólica tem excelente harmonização com as carnes. O cuidado deve estar apenas na quantidade – muita caipirinha pode atrapalhar a digestão e a festa daqueles que passam do ponto. Para o preparo, basta um limão com bastante suco e uma cachaça branca, jovem, de boa qualidade (temos muitas excelentes produzidas em Minas e Paraty). Também gosto muito da "caipirosca", que leva vodca na preparação e, por isso, tem sabor um pouco menos acentuado que a cachaça. Neste caso, uma garrafa, para uma festa com 20 pessoas, por exemplo, costuma ser suficiente.

Gostos à parte, em termos de harmonização, o fato indubitável é que o vinho é a melhor bebida para se escolher uma carne de qualidade. Mas, para este assunto, deixo a palavra para o meu amigo Carlos Cabral, um grande conhecedor do mundo de Baco e um amante da arte do churrasco.

caipirosca genial

INGREDIENTES
10 cajus maduros
açúcar a gosto
gelo a gosto
10 doses de vodca

MODO DE PREPARO
Corte os cajus em pedaços grandes. Em dez copos distribua o caju por igual. Coloque açúcar e amasse com um pilão. Acrescente o gelo e as doses de vodca, misture bem e sirva a seguir.

RENDIMENTO 10 porções
TEMPO DE PREPARO 20 minutos

drinque de frutas vermelhas

INGREDIENTES
5 xícaras (chá) de frutas vermelhas congeladas
açúcar a gosto
gelo a gosto
10 doses de saquê

MODO DE PREPARO
Descongele as frutas vermelhas até ficarem em temperatura ambiente. Distribua em dez copos de caipirinha igualmente. Faça o mesmo com o açúcar. Misture com um pilão. Junte o gelo e adicione as doses de saquê. Sirva a seguir.

RENDIMENTO 10 porções
TEMPO DE PREPARO 30 minutos

caipirinha cítrica

INGREDIENTES
10 fatias de limão
10 fatias de laranja-pera
30 gomos de mexerica
açúcar a gosto
gelo a gosto
10 colheres (chá) de cointreau
10 doses de cachaça

MODO DE PREPARO
Distribua as frutas por igual em dez copos baixos de caipirinha. Faça o mesmo com o açúcar.
Com um pilão amasse as frutas, misturando bem com o açúcar.
Coloque gelo, em seguida distribua o cointreau e a cachaça. Mexa bem e sirva a seguir.

RENDIMENTO 10 porções
TEMPO DE PREPARO 20 minutos

bebida tropical

INGREDIENTES
2 xícaras (chá) de pera em cubos
2 xícaras (chá) de manga em cubos
2 xícaras (chá) de melão em cubos
açúcar a gosto
gelo a gosto
10 doses de vodca

MODO DE PREPARO
Em uma tigela misture todas as frutas. Distribua em dez copos de caipirinha.
Coloque o açúcar e amasse com o pilão. Adicione a vodca, mexa bem e sirva a seguir.

RENDIMENTO 10 porções
TEMPO DE PREPARO 20 minutos

O CHURRASCO E O VINHO
por carlos cabral

Depois do livre pensar, o ser humano tem na gastronomia a possibilidade de exercer a democracia em toda sua plenitude, no correto sentido da palavra.

É na gastronomia que podemos criar com liberdade, mesmo que seja só para o nosso exclusivo deleite. Podemos inventar combinações, dar sugestões sem o mínimo complexo de culpa. A prova disso é que se mil pessoas fizerem uma receita com os mesmos ingredientes e com as mesmas regras, ainda assim teremos mil receitas ou sabores diferentes.

Assim sendo, o que apresento abaixo é uma sugestão após longos e bons anos como piloto de provas de maravilhosas mesas e convívio com centenas de pessoas. O leitor pode ficar à vontade para discordar de uma ou de todas as minhas colocações, uma vez que a gastronomia não aceita a ditadura de opiniões.

Devemos separar a gastronomia em dois capítulos. Existe a familiar, castiça, de base, aquela que vem de casa. E quando o assunto é família, não existe comida melhor no mundo do que a elaborada pelos nossos pais. Essa é a cozinha da saudade, imbatível, particular – aquela que nunca se pode chegar a um consenso.

Numa outra via, aparece a gastronomia clássica, totalmente complexa, nada minimalista. Também chamada de gastronomia escolar, aquela que se aprende. Forjada por mestres na arte de cozinhar, comer e beber, esta gastronomia é indicativa e tem lá muita ciência e técnica.

Para os vinhos que aqui indico, tentei aproximar essas duas gastronomias, já que não existe festa mais clássica, gastronômica e familiar no Brasil que a do churrasco.

Se você, leitor, gosta de carne vermelha gordurosa, malpassada, acompanhada de um espumante doce oriundo da uva moscatel, não irei jamais condená-lo, pois você não deixou de lado nem a carne nem o vinho de sua preferência. Então, viva a liberdade!

Dentro da gastronomia clássica, no entanto, por analogia de aromas e sabores, prefiro ceder recomendações mais apropriadas.

O churrasco que hoje provamos é oriundo dos pampas, de ambos os lados, o argentino e o brasileiro, e na sua forma mais típica, a gordura farta é preservada, pois esta dá maciez à carne. Para sustentar este churrasco de campo, geralmente realizados a céu aberto, brasileiros e argentinos degustam vinho tinto, seco, muito encorpado, originário das uvas Bonarda e Criolla, no lado argentino, e Isabel, nas terras brasileiras.

Estes vinhos populares, elaborados de uvas de segunda categoria foram e ainda são os companheiros dessas carnes soberbamente grelhadas, tendo as estrelas por testemunha. No campo, o mais longe possível das metrópoles, estes vinhos duros acabam sendo companheiros após uma longa jornada de trabalho.

Agora, quando se fala em churrasco para os jovens, em que excesso costuma ser comum, o volume costuma estar acima da qualidade. Vale então degustar vinhos tintos leves que aceitam uma refrigeração. Aqui entram os Gamay nacionais, jovens e frescos, os espumantes tintos de Pinot Noir e até os lambruscos secos tintos, com baixo teor de álcool. Tais vinhos podem e devem acompanhar todo o churrasco sem grandes consequências. Já em família, durante o churrasco de fim de semana, em que há comensais de todas as idades, é prudente ter sempre em mãos três opções.

Os petiscos (linguiça, cubinhos de frango e o coração de galinha) devem ser acompanhados por tintos leves, como os Bardolinos, os Lambruscos secos e os Cabernet Sauvignon jovens. Aqueles com aromas herbáceos e de pimentão. Estes, são ingeridos em pouca quantidade, pois representam um início de um ágape que se anuncia longo.

Para a segunda bateria de carnes, em que a picanha reina absoluta e pode ser acompanhada pela fraldinha, maminha, alcatra, contrafilé e até o filé mignon, vinhos mais elaborados, varietais ou não, são indicados – o fato é que aqueles com um estágio em madeira (barricas de carvalho) se fazem necessários. Aqui, o leque é amplo. Comecemos por um Merlot brasileiro, sempre superior a dois anos após a sua safra.

Passemos a um Malbec argentino, Reserva preferencialmente, ou vamos a um vinho da uva Tempranillo, espanhol de preferência, no mínimo um Reserva, ou um alentejano da uva Aragones.

Aqui, sugiro uma degustação mais lenta, apenas harmonizando a bebida com as carnes, sem os adereços comuns destas horas, como farofas, cebolas e saladas. O suco da carne e a complexidade destes vinhos formam o que chamamos de "o casamento perfeito". Mas lembre-se de que o tempo de degustação, com calma e paciência, é o que coroa este abençoado momento.

Caso goste das carnes bem temperadas, com pimenta-do-reino branca ou bem salgada, um vinho de resistência se impõe, como um Cabernet Sauvignon jovem, ou até mesmo um Cabernet Franc nacional jovem.

Se houver tempo para grelhar uma costela bem gorda, um cupim ou uma costelinha de porco, com sua suculenta capa de gordura, ataque de Tannat uruguaio, jovem, ou mesmo um Carménère chileno, também jovem. Estes vinhos são untuosos, limpam o paladar das gorduras e deixam na boca uma longa e persistente sensação herbácea, gostos que nos lembram café e chocolate amargo.

Aqui vai o conselho: comer pouco destas carnes que geralmente participam do "gran finale" do churrasco e beber moderadamente os vinhos, um ou dois cálices no máximo, uma vez que se corre o risco de ter uma péssima digestão.

No caso do churrasco gourmet, aquele em que desfilam as carnes especiais (pernil de cordeiro, "magret de canard", javali, picanhas maturadas, linguiças de lombo de porco e até frutos do mar grelhados), exige-se uma seleção de vinhos mais apurada.

Para os frutos do mar, um Chardonnay madeirizado de cor mais para o amarelo ouro é fundamental. Os aromas e sabores se completam.

Para o "magret de canard", um bom Bordeaux (há Bordeaux superieurs excelentes) é a pedida, pois vinho e carne têm aromas e sabores exóticos.

Para o cordeiro, a picanha maturada e até o javali, um super vinho de Cabernet Sauvignon é a pedida. Se não houver um grande Bordeaux vá de um supervinho do Chile desta cepa. Vinho robusto e ao mesmo tempo elegante. Uma sugestão importante é abrir o vinho 30 minutos antes da degustação para que haja uma explosão de aromas. Aqui também casa bem um supervinho desta cepa californiano.

Mais que nunca, o churrasco goumert deve ser um encontro de horas, não tem hora para acabar – a degustação lenta é o ingrediente básico deste momento.

Com chave de ouro, algumas frutas, como abacaxi, carambola e manga, podem ser grelhadas, encerrando o ágape. E, para acompanhar, vale servir um cálice de um vinho colheita tardia da América do Sul, de preferência das uvas Sauvignon Blanc ou Gewürztraminer.

Esse, sim, é um "gran finale"!

E VAI ROLAR A FESTA

esses churrasqueiros e suas incríveis máquinas

SABE AQUELA PIADA: "O QUE DIFERENCIA UM MENINO DE UM HOMEM ADULTO? É O TAMANHO DO BRINQUEDO!". E NÃO HÁ DÚVIDA NENHUMA QUE A CHURRASQUEIRA SEJA UM BRINQUEDO MARAVILHOSO PARA QUALQUER MENINO ADULTO. CÁ ENTRE NÓS, VOCÊ CONHECE ALGUMA MULHER QUE TENHA COMPRADO UMA CHURRASQUEIRA?! NÃO, NÃO, NÃO... NÃO SE TRATA DE MACHISMO, POR FAVOR. E ATÉ EXISTEM MUITAS EXCEÇÕES. É QUE EXISTE UM ELO ENTRE O HOMEM DE NEANDERTAL E ESSE "CHURRASQUEADOR" ATUAL. PASSADOS ESSES MILHÕES DE ANOS, CONTINUAMOS NÓS COM A NOSSA CARNE E O FOGO. A QUESTÃO É QUAL MÁQUINA USAR E QUAIS APETRECHOS SÃO ESSENCIAIS PARA UM CHURRASCO.

COMO ESCOLHER A CHURRASQUEIRA

Existem centenas de tipos, formatos e preços de churrasqueiras. Mas, seguramente, a ideal será a que melhor se adapta ao seu sonho. E este é o ponto. Fazer um churrasco é uma maravilhosa atitude de amor para quem você gosta. E todos sabemos que a comida não se trata apenas de combustível.

As pessoas que o cercam durante um churrasco estão ali para compartilhar alegrias e celebrar os sabores. E essa é a parte do churrasqueiro. Entregar o sabor certo, estando no centro dessa alegria.

Por isso, considerando que você mesmo será o líder do churrasco e não irá delegar este posto a ninguém, a regra é: imagine-se no local do churrasco, veja as pessoas ao redor, se você consegue olhar e acompanhar o salão. Confira se existe uma boa logística entre a geladeira, a pia e o seu brinquedo, ops, quero dizer, a churrasqueira.

Você é o "showman", a partir de agora as escolhas serão por questões técnicas e de preço.

Nas páginas seguintes irei comentar sobre os vários tipos de churrasqueiras, mas antes vou dar o depoimento pessoal da minha preferência, que é a churrasqueira a gás da Elettromec. Ela tem dois diferenciais: as pastilhas cerâmicas que fazem evaporar as gorduras e o suco da carne que caem e, assim, remete ao sabor do churrasco tradicional, e o queimador Infrared, responsável por selar a carne mantendo a suculência dela. É um equipamento onde se controla a temperatura pelos botões, o que é libertador para qualquer churrasqueiro, como também é o acendimento automático. A churrasqueira Elettromec conta com tampa de aço inox, que auxilia na conservação lenta do calor, na defumação e até na estética do produto, pois isso também faz parte do show, e posso dizer que sou mesmo grande fã dessa marca, por tudo o que tenho visto e posto em prática na cozinha. Portanto é minha indicação e até deixo disponível o site da marca: www.elettromec.com.br.

AS QUESTÕES TÉCNICAS DA CHURRASQUEIRA

A principal questão é com relação ao vento. O vento interfere na brasa e na fumaça. Portanto, a churrasqueira deve ser transportável para locais sem vento ou, caso seja fixa, de alvenaria, ter proteções laterais.

Eu particularmente gosto das churrasqueiras portáteis porque dão uma mobilidade incrível e se adaptam muito mais às nossas necessidades.

Mas não há dúvida de que se você tem um belo espaço para uma churrasqueira de alvenaria facilita muito mais pela questão da conservação (manutenção e limpeza), por exemplo. Uma coisa que ninguém pensa quando compra a churrasqueira é na limpeza. Você tem que escolher sua churrasqueira pela facilidade de conservação e muito também pela capacidade de manter o calor. São duas questões técnicas importantes. As melhores churrasqueiras de alvenaria devem ter tijolos refratários na face interna e precisam ser fechadas nas laterais e nos fundos permitindo que o calor se concentre nesta "caixa". Também tem a questão de isolamento térmico para as de ferro, geralmente portáteis, que evitam que você – ou seus convidados – se queimem. O nivelamento dos espetos e grelhas é importante em todos os casos, pois permite o preparo de diferentes carnes e cortes.

Conheça algumas das principais opções disponíveis no mercado.

alvenaria comum

Recomendo que seja construída por um profissional qualificado, que saiba como adequar bem o espaço e as necessidades básicas de uma boa churrasqueira. Algumas questões importantes: é preciso pelo menos um metro quadrado para construí-la e é necessário ficar atento às direções das principais correntes de vento no local – elas podem atrapalhar o seu churrasco. Quanto mais protegida, melhor. Por isso, devem ser fechadas nas laterais e na parte de trás. Além disso, é preciso pelo menos três metros de altura para a chaminé, para que a fumaça saia sem interferências. Quando se fala em churrasqueira de alvenaria, todo cuidado é pouco, afinal, trata-se de uma máquina permanente.

portáteis a carvão

Há milhares de tipos móveis. Escolha as mais firmes e prefira sempre as de aço inox, que são caras, mas não enferrujam. A principal vantagem é poder adaptá-la dependendo da direção do vento e levá-la para viagens curtas. Prefira as opções com pelo menos dois níveis e espetos giratórios, que permitem grelhar cortes diferentes de carne. Um detalhe importante é sempre limpar e secar bem todas as partes da churrasqueira, evitando a ferrugem.

portáteis a gás ou elétrica

Certamente é a opção mais prática para quem não gosta da sujeira e a fumaça que o carvão promove. Especialmente para quem mora em apartamento. Prefira as opções mais leves e fáceis de desmontar para se valer de tal praticidade.

niveladas

Tanto as portáteis quanto as de alvenaria podem ter essa opção. Os níveis são importantíssimos porque permitem o preparo de diferentes tipos de carnes. No caso das de alvenaria, quase todas já são construídas com níveis distintos, mas vale lembrar que três níveis são imprescindíveis: o mais baixo, a cerca de 15 cm da brasa, o intermediário, a mais ou menos 25 cm, e o mais alto, próprio para costelas e peças maiores, a 40 cm da brasa.

espetos giratórios

Valem as mesmas dicas do caso anterior, mas, neste caso, o detalhe faz a diferença: os espetos, quando giram, fazem com que o suco da carne não se perca, escorrendo em volta dela e ainda permitem um assado mais uniforme. Mesmo tendo os espetos giratórios, vale a pena ter a opção da grelha para carnes em postas. Algumas portáteis podem ter espetos com este dispositivo.

APETRECHOS DO CHURRASQUEIRO

Variedade é que não falta nas lojas e casas especializadas. Há desde simples conjuntos de facas a kits caríssimos, com um sem-número de apetrechos para se divertir na grelha. O fato é que tudo isso pode ajudar na hora do preparo, mas há aqueles itens essenciais, sem os quais o verdadeiro churrasqueiro não pode nem pensar em iniciar a sua festa.

Vamos começar pelo mínimo que qualquer churrasco deve ter. Você precisa ter pelo menos dois tipos de facas, uma maior (8 polegadas, por exemplo), outra um pouco menor (com 6 polegadas), uma chaira (utensílio para manter o corte), uma pinça, uma tábua e um garfo médio.

A CHAIRA AJUDA NA MANUTENÇÃO DA AFIAÇÃO DA FACA

chaira

É produzida com um aço mais duro que o da faca, por isso serve para manter o corte da faca. Atenção: não tem a função de afiar a faca. Faca ruim não tem jeito nem com chaira. Ela deve ser usada após cada quilo de carne cortada. E, para manipulá-la, é preciso atenção: a parte mais afiada da faca deve ficar virada para baixo, transpassando de um lado para o outro.

pinça

As de aço inox são melhor, pois não enferrujam rapidamente. Deve ser de um comprimento razoável para alcançar todas as carnes em alturas diferentes. É essencial para carnes preparadas nas grelhas, pois ajuda no momento de virar, sem precisar perfurá-las. O cabo deve ter isolação térmica para que não queime as mãos.

tábua

As de madeira são as melhores, porque não são agressivas para com a afiação da faca e costumam ser mais resistentes. As de plástico, por exemplo, acabam ganhando mais o cheiro do alimento e manchando. Sempre procuro usar duas, uma para cortar as carnes cruas e outra para fatiar as já preparadas, evitando misturar os sabores. Depois de usadas, devem ser lavadas e secas, se possível ao sol para que não sejam armazenadas ainda úmidas.

garfo

Também é bom que seja de aço inox para que não oxide com facilidade. Há diversos tamanhos, mas o ideal é um médio, nem tão comprido que o faça perder a força e pontaria para manipular as carnes nem tão curto que possa queimar as mãos caso utilize para virar as peças na grelha. Um cabo robusto, com resistência térmica, é sempre recomendável.

35

FACAS

A brincadeira só fica completa para o churrasqueiro quando ele ganha ou compra o seu kit completo de facas bem afiadas e conservadas. Alguns as tratam quase como relíquias de arte. De fato, no caso do churrasco, essas ferramentas são mesmo um dos grandes segredos de como se preparar uma boa carne. Cada churrasqueiro tem sua preferência, mas é preciso escolher as facas firmes, robustas, com material de primeira. Eu particularmente gosto das de aço-carbono, que costumam ser muito delicadas e caras (enferrujam rapidamente), mas têm um corte bastante preciso. Para guardá-las, é preciso secar bem e se possível deixá-las num cantinho secreto, longe da cozinha do dia a dia. As de aço inox, se bem afiadas e conservadas, também são muito boas e não necessitam de tanto cuidado. Um detalhe importante é que a lâmina não deve terminar no início do cabo – o cabo deve sobrepor toda a lâmina, o que garante uma faca firme.

Outra questão relevante é tomar cuidado com essa traiçoeira companheira. Cortar sempre escondendo os dedos enquanto a utiliza. Explico: sendo você destro, por exemplo, com a mão direita deve segurar a faca (sempre usando o indicador sobre a lâmina e o polegar como apoio no cabo), e com a mão esquerda vai apoiar a peça de carne com as pontas dos dedos viradas para dentro. Parece óbvio, mas muito acidente acontece por falta de precauções valiosas como esta.

Para quem tem paixão pela arte de churrasquear, recomendo comprar um jogo mais completo, que pode conter facas para diferentes usos e peças. Conheça algumas delas.

faca para carne 8 polegadas

Faca grande, própria para cortar peças inteiras depois de assadas. Deve passar pela chaira pelo menos uma vez a cada quilo de carne cortada.

faca para carne 6 polegadas

Faca média, também para cortar carnes, mas em especial as peças menores. Também deve ter seu corte conservado de tempos em tempos.

faca para desossar

Faca coringa para "maquiar" a carne. Ajuda a retirar nervos e partes indesejadas das carnes, além de, como o nome diz, separar o osso da carne.

faca de legumes

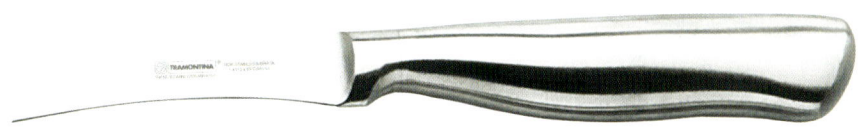

Faca bem pequena, geralmente com 3 ou 4 polegadas. Deve ser bem afiada e nunca usada em carnes ou alimentos muito rígidos, pois é mais sensível.

faca de pão

Não que o churrasqueiro use-a com frequência, mas é bom citá-la, já que é a única que possui serra no kit churrasqueiro. Muita gente usa faca com "dentes" para cortar a carne, o que é uma prática condenável, pois acaba esfolando toda a peça desnecessariamente.

FAQ
PERGUNTAS FREQUENTES

COMO QUASE TUDO O QUE PARECE SIMPLES, O CHURRASCO TEM SUAS PARTICULARIDADES E DETALHES QUE PODEM DETERMINAR O SEU SUCESSO OU FRACASSO. EIS QUE SURGE UM SEM-NÚMERO DE SUGESTÕES E OPINIÕES, TÍPICAS DAS ETERNAS DISCUSSÕES SOBRE FUTEBOL. POR ISSO, RESOLVI REUNIR AS MINHAS TÉCNICAS COM AS DOS MEUS AMIGOS DEBATIDAS DURANTE LONGAS "PARTIDAS" DE MUITA CARNE.

MORO EM APARTAMENTO, MAS NÃO ABRO MÃO DE UM CHURRASCO DE VEZ EM QUANDO. QUAIS OPÇÕES EU TENHO DE CHURRASQUEIRAS QUE NÃO PRODUZEM FUMAÇA?

A questão do apartamento não é diferente de qualquer outra boa conduta para qualquer outro churrasco. Você tem que evitar que a gordura caia em excesso sobre a fonte de calor. Para isso, é importante que a grelha seja do tipo "canaleta", que capta a gordura sem deixar cair no centro do calor. Isso já ajuda em 70% para diminuir a fumaça. É claro que existem churrasqueiras menores e aquelas de um tipo que você pode tapar. Essas até mantêm o calor mais uniformemente e evitam tanta fumaça, mas uma coisa é certa: se você fizer churrasco no seu apartamento, só os muito insensíveis não ficarão com vontade.

HÁ DIFERENÇA NO SABOR DA CARNE SE EU UTILIZAR CHURRASQUEIRA A GÁS E NÃO A CARVÃO?

Totalmente. Na verdade, o carvão defuma, acrescenta aromatização na carne ou em qualquer produto que vá à brasa. Em especial para a carne, acrescenta um sabor inconfundível. Um gosto que os norte-americanos, o pessoal do "barbecue" nunca vai saber qual é, já que lá não há árvore suficiente para se produzir carvão. No entanto, não significa que o carvão seja exatamente melhor, o essencial é que o churrasco seja bem-feito. Utilizar ou não o carvão vai também do gosto de cada um.

NO AÇOUGUE, SEMPRE VEJO A CARNE NA VITRINE E POSSO AVALIAR SE ELA ESTÁ REALMENTE BOA. MAS QUANDO ESTOU NO SUPERMERCADO E A ENCONTRO CONGELADA, TENHO DIFICULDADES EM SABER SE A CARNE ESTÁ BOA. COMO DEVO FAZER?

Numa primeira instância, pode confiar nas marcas que têm grife, porque são certificadas. Depois, pode confiar nos bons estabelecimentos. E lembre-se de que a carne congelada ou a vácuo costumam ter um aspecto feio, que some quando se abre a embalagem. No Brasil, felizmente, as carnes que vêm com o selo do Ministério da Saúde são totalmente confiáveis.

TENHO UM AMIGO QUE GOSTA DE UTILIZAR MADEIRA PARA FAZER CHURRASCO. É UMA BOA IDEIA O USO DE LENHA?

Eu já vi muita história de churrasco em que o carvão acaba, e as pessoas colocam lenha como quem põe em forno para fazer pão. Esse tipo de fogo não é fogo de churrasco é de queimada. O que churrasqueia a carne é o calor, não a labareda. Por isso, esqueça essa ideia.

PARA UM MELHOR RESULTADO NO SABOR, A CARNE DEVE SER SALGADA NA HORA? OU COM QUAL ANTECEDÊNCIA?

Há controvérsias. Eu acho que o ideal é salgar na hora, vale dizer meia hora antes de levar ao churrasco e com o sal grosso. E uma questão importante é guardar o sal grosso bem fechado, para que não fique úmido. Quando isso acontece, costumo colocar numa forma de bolo e deixo alguns minutos no forno. O sal deve ser guardado em um local seco, de preferência onde não bata muito sol, num pote sem ar.

A MAIORIA DAS PESSOAS FALA QUE O CHURRASCO TEM QUE SER FEITO SOMENTE COM CARNE E SAL, DIRETO NA GRELHA. QUAIS OUTRAS POSSIBILIDADES EU TENHO? COZINHAR A CARNE ANTES DE GRELHÁ-LA PODE SER UMA BOA IDEIA? O QUE ISSO ALTERARIA NO SABOR?

Primeiro, é melhor explicar: a carne cozida é uma coisa, a carne de churrasco é outra. Se você tiver a carne cozida e quiser colocar na grelha, irá produzir uma carne dura, porque depois de cozida não há mais como reter a água. É mais fácil colocar essa carne enrolada em papel-alumínio no forno, só para esquentar, uma vez que teoricamente ela já está pronta. Continuando a resposta, uma boa opção para sair do clássico sal grosso são as famosas marinadas, cujas diversas receitas você encontra neste livro. É uma maneira de preparo que deixa a carne com um sabor especial sem interferir no processo na churrasqueira. Além disso, o suco restante da marinada pode produzir bons molhos.

CASO EU NÃO TENHA SAL GROSSO, POSSO UTILIZAR SAL FINO PARA TEMPERAR AS CARNES PARA O MEU CHURRASCO?

Não, não, não... guarde esse salzinho para salada. Para a carne, corra até um supermercado e compre sal grosso. Churrasco sem sal grosso é como acarajé sem pimenta. Se você não gosta da pimenta, melhor nem comer acarajé. O sal refinado é absorvido em muita quantidade, e a carne fica rapidamente salgada e também me dá a sensação de que fica mais dura.

APÓS O CHURRASCO, O QUE FAZER COM AS CARNES NÃO ASSADAS QUE SOBRARAM? E AS QUE ESTIVERAM SALGADAS, PODEM SER APROVEITADAS?

Felizmente tudo pode ser congelado e reaproveitado futuramente, procure não deixar as carnes ressecarem, expostas ao sol. E mesmo as que tenham sido passadas pelo braseiro, besunte-as com azeite ou um molho com gordura e envolva em filme plástico para congelá-las.

TENHO PROBLEMAS COM PRESSÃO ALTA. QUAIS OUTROS TEMPEROS POSSO UTILIZAR PARA UM BOM RESULTADO SEM QUE MINHA SAÚDE SEJA AFETADA?

É melhor você comer só um pouquinho de churrasco, mas feito com o sal certo, do que comer muita carne preparada da maneira errada. Infelizmente, não há substituto no paladar para alguns ingredientes, como o sal e a pimenta, que evidenciam o sabor dos alimentos. Mas mesmo com pressão alta, não exagerando nas doses, não vai ser tão prejudicial. E como dizia meu avô: "Escondido do médico não faz mal". De qualquer maneira, uma solução para realçar o sabor é o glutamato monossódico, um tempero que possui apenas um terço da quantidade de sódio em comparação ao sal de cozinha. Existem também alguns tipos de sal light, que contêm uma quantidade menor de sódio. Mas como são refinados, não são apropriados para o preparo – neste caso, o ideal é grelhar a carne e só depois temperar ligeiramente com o sal.

COMO ACENDER O BRASEIRO?

Eu adorava a época do álcool 92 graus. Era muito mais fácil acender o braseiro. Agora temos que nos contentar com as versões em gel. Mas não se pode economizar. Coloque pelo menos duas porções de gel em cada extremidade da churrasqueira e duas no centro. Depois, sobreponha-as com o carvão. Dessa forma o calor distribui-se por toda a grelha de maneira uniforme. Uma boa dica que aprendi com o mestre Marcos Guardabassi é reservar as cinzas do churrasco anterior para colocar um pouco sobre a brasa assim que ela estiver no ponto, para que a gordura, ao cair, não produza muita fumaça.

COMO SABER COM MAIS PRECISÃO O PONTO DA CARNE? PRINCIPALMENTE SE ELA ESTÁ BOA POR DENTRO E NÃO ESTÁ CRUA?

Não tem outro jeito a não ser tocando-a. Certa vez, durante uma conversa com o Bassi, ele me ensinou uma antiga técnica francesa muito interessante, mas que aqui no livro prefiro mostrá-la num diagrama, já que não temos um vídeo para ilustrar melhor o passo a passo.

TESTE DO PONTO DA CARNE

Una os dedos indicador e polegar. Com a outra mão, apalpe a palma na região próxima ao polegar e sinta a consistência do músculo. Ela é equivalente à rigidez de uma carne MALPASSADA.

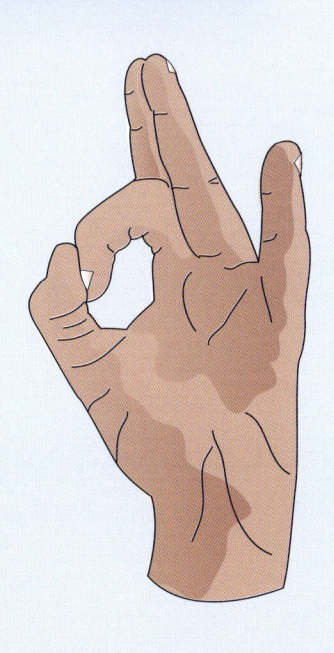

Repita o movimento, desta vez unindo o polegar ao dedo médio para encontrar a consistência equivalente à rigidez de uma carne AO PONTO PARA MALPASSADA.

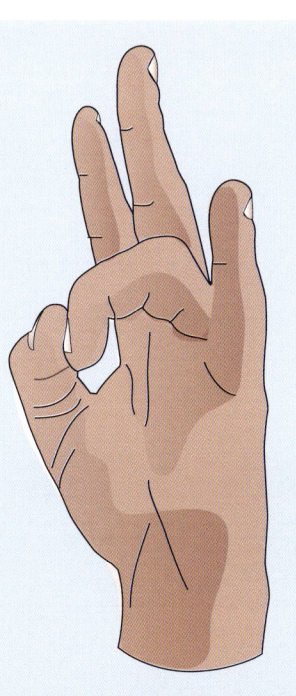

Repita o movimento, desta vez unindo o polegar ao dedo anular para encontrar a consistência equivalente à rigidez de uma carne AO PONTO.

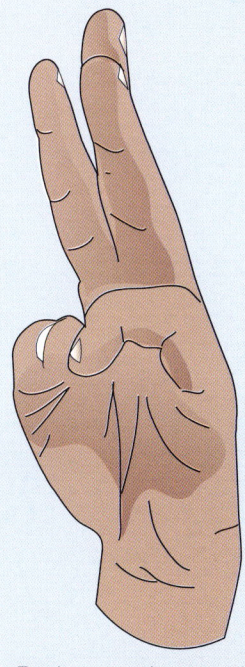

Repita o movimento, desta vez unindo o polegar ao dedo mínimo para encontrar a consistência equivalente à rigidez de uma carne BEM-PASSADA.

NUNCA CONSIGO CALCULAR A QUANTIDADE CERTA DE CARNES PARA OS MEUS CHURRASCOS. COMO FAÇO PARA NÃO ERRAR NAS CONTAS?

Para falar a verdade, nem eu consigo acertar na quantidade... Esse é sempre um grande problema. Há vários guias que dão fórmulas, inclusive neste livro temos uma explicação bem coerente. Mas se eu tivesse que dar uma resposta rápida em uma palavra: exagere. O churrasco é uma festa, então é sempre melhor sobrar do que faltar, mesmo porque você sempre pode congelar e ter uma desculpa para uma outra festa. Mas para ser criterioso, por favor, veja no capítulo "Vai Rolar a Festa" como calcular as quantidades.

ÀS VEZES, TENHO DÚVIDAS SOBRE O PONTO DO BRASEIRO. COMO SABER QUANDO ELE ESTÁ ADEQUADO PARA COLOCAR A CARNE?

Há muitas técnicas. Continuando a citar os mestres, o István Wessel usa a técnica da Pindamonhangaba e o Marcos Guardabassi conta de um a dez. Explicando: na técnica do Wessel, coloque a mão a cinco centímetros da grelha e fale lentamente Pindamonhangaba três vezes, se aguentar repetir a palavra por cinco vezes, é necessário colocar mais carvão. Na do Bassi, coloque a mão na mesma posição e conte até dez. Se conseguir permanecer até o número 11, ainda está frio, caso a mão derreta, quer dizer que está muito quente. Brincadeiras à parte e técnicas idem, lembre-se de que churrasco tem que ser feito com calor e não com chamas. Calor forte e constante, esse é o segredo. Distância da brasa ou fonte do calor também importa, mas vai depender da carne e do tipo de churrasqueira.

OUTRO DIA LI UMA REPORTAGEM QUE CRITICAVA O USO DE ESPETOS NO CHURRASCO, ALEGANDO QUE ESTE PROCEDIMENTO TIRA O SUCO DA CARNE. É MELHOR PREPARAR O MEU CHURRASCO NA GRELHA SEM O USO DE ESPETOS?

Se você é um churrasqueiro daqueles muito bons, realmente um espeto pode fazer diferença negativa, mas, em geral, são raríssimas as pessoas que conseguem perceber a diferença que faz o espeto. Ou seja, o espeto deixa vazar o suco da carne internamente, o que pode deixar a carne um pouco mais rígida. Minha sugestão é esquentar bem o espeto e só aí transpassá-lo na carne, pois isso faz com que a carne seja selada internamente, reduzindo a perda de suco.

SE EU ADICIONAR MOLHO NA CARNE ENQUANTO ESTIVER GRELHANDO, ISSO INFLUENCIA NO SABOR? OU É MELHOR SÓ FAZER ISSO DEPOIS DE PRONTA?

Depende do molho. Se for um bom molho, influencia bastante. Mas o perigo é ele ficar escorrendo para dentro do braseiro. Eu sugiro usar um pincel para pincelar a carne. E nada impede que, no ato de servir, se coloque mais molho com a colher. Os puristas gostam de comer a carne como ela é, só com sal. E quem segue uma linha mais gourmet, como eu, gosta muito de comer com molhos que evidenciam o sabor e podem ser ótimos coadjuvantes. Aliás, você pode encontrar muitas receitas de molhos neste livro.

QUERO INVESTIR EM UMA CHURRASQUEIRA DE ALTA QUALIDADE E PADRÃO. QUAL A MELHOR OPÇÃO? AS GRANDES, DE RODINHAS, PORTÁTEIS, OU AS DE ALVENARIA OFERECEM MELHOR QUALIDADE?

Não existe uma regra. Se no local onde você vai fazer o churrasco venta muito, é ideal que a churrasqueira seja de alvenaria, fechada dos lados. Por outro lado, caso você viaje muito, melhor seria comprar uma portátil. Em geral, existem lojas muito boas hoje no Brasil que dão assessoria completa em vez de simplesmente empurrar qualquer produto, por isso o melhor é buscar uma loja com uma boa imagem no mercado que vai dar uma assistência.

A CARNE ARGENTINA É MESMO MELHOR QUE A BRASILEIRA?

A carne brasileira é nutricionalmente melhor sim, mas vamos explicar tecnicamente as diferenças, deixando o nacionalismo de lado. O gado argentino é do mesmo tipo dos boizinhos da Europa e dos EUA, ou seja, eles pegam um frio danado, e há invernos que acabam com qualquer grama verde. Resultado, ficam confinados, comem ração, não vão à "academia" e ficam muito gordos. Exatamente com 30% a mais de gordura do que gado brasileiro. O que se por um lado até traz de fato um sabor atraente, por outro cobra o preço em colesterol. Não é que a carne brasileira seja santa, mas nosso boizinho mais atlético se alimenta de pasto natural e tem uma composição excelente, com sabor que não deixa os hermanos tão à frente.

A GORDURA DA CARNE, ESPECIALMENTE A DA PICANHA, DEVE FICAR INICIALMENTE VIRADA PARA CIMA OU PARA BAIXO, DIRETAMENTE SOBRE O CALOR DO FOGO?

É recomendável deixar 50% do tempo para cada lado, começando pelo lado sem gordura diretamente ao fogo, para fazer subir o suco da carne até o centro da picanha. Eu costumo deixar alguns minutinhos com a gordura para cima para selar a carne e depois viro para que churrasqueie melhor o lado da capa. E depois volto a colocar o lado da carne sobre o braseiro para que termine de grelhar e pronto. O que não é recomendável é ficar "dançando" com a carne de um lado para o outro – virar o menos possível é o ideal.

É MELHOR UMA FACA GRANDE OU PEQUENA PARA CORTAR A CARNE?

As duas. Dentre os instrumentos básicos para um churrasco, você sempre precisará de uma faca grande, com seis ou oito polegadas, e uma um pouco menor – elas deverão ser usadas conforme o tamanho da peça em questão. Também não devem faltar um garfo e uma chaira, que ajuda a conservar o corte da faca. (Saiba mais sobre os utensílios no capítulo "Churrasqueiros e suas Incríveis Máquinas").

GOSTO MAIS DAS CARNES AO PONTO. COMO FAÇO PARA QUE AS CARNES NÃO QUEIMEM EXCESSIVAMENTE POR FORA E POSSAM TAMBÉM COZINHAR POR DENTRO?

Vamos sempre lembrar que na churrasqueira não se cozinha nem se assa o alimento, apenas grelha-se. Dizem os técnicos que você tem que acertar o tempo de grelha para que todo o suco da carne se concentre no centro dela. Errar o ponto significa ficar sem suco, dura. Dicas pra quem tem dúvidas: faça um corte transversal na carne e observe o interior visualmente ou compre esses termômetros especiais que mais parecem um revólver de marciano e que teoricamente fornecem a temperatura da carne. Essas coisas funcionam com o pessoal mais jovem, como meu filho. Confesso que ainda acho complicado usá-los.

ALCATRA

A ALCATRA, EM SI, É UMA PEÇA GRANDE, COM CERCA DE 8 KG. HÁ CERCA DE 40 ANOS, NÃO POSSUÍA QUALQUER SUBDIVISÃO. COM O PASSAR DOS ANOS, DESCOBRIRAM-SE AS CARACTERÍSTICAS DE CADA PARTE DA PEÇA, E OS FRIGORÍFICOS PASSARAM A DIVIDI-LA EM CORTES DIVERSOS, ENTRE TAIS, A MAMINHA, A PICANHA E O MIOLO DE ALCATRA. SENDO ASSIM, VALORIZA-SE HOJE O CHAMADO MIOLO DA ALCATRA, PARTE MAIS INTERNA NA PEÇA. COM POUCA GORDURA, O MIOLO DE ALCATRA DEVE SER SERVIDO SEMPRE MAIS PARA O MALPASSADO, PREFERENCIALMENTE EM PEDAÇOS MAIS GROSSOS, PARA QUE SE MANTENHA SEU SUCO. EU PROCURO FATIÁ-LO APENAS NO MOMENTO DE SERVIR PARA QUE FIQUE MAIS MACIO E SUCULENTO.

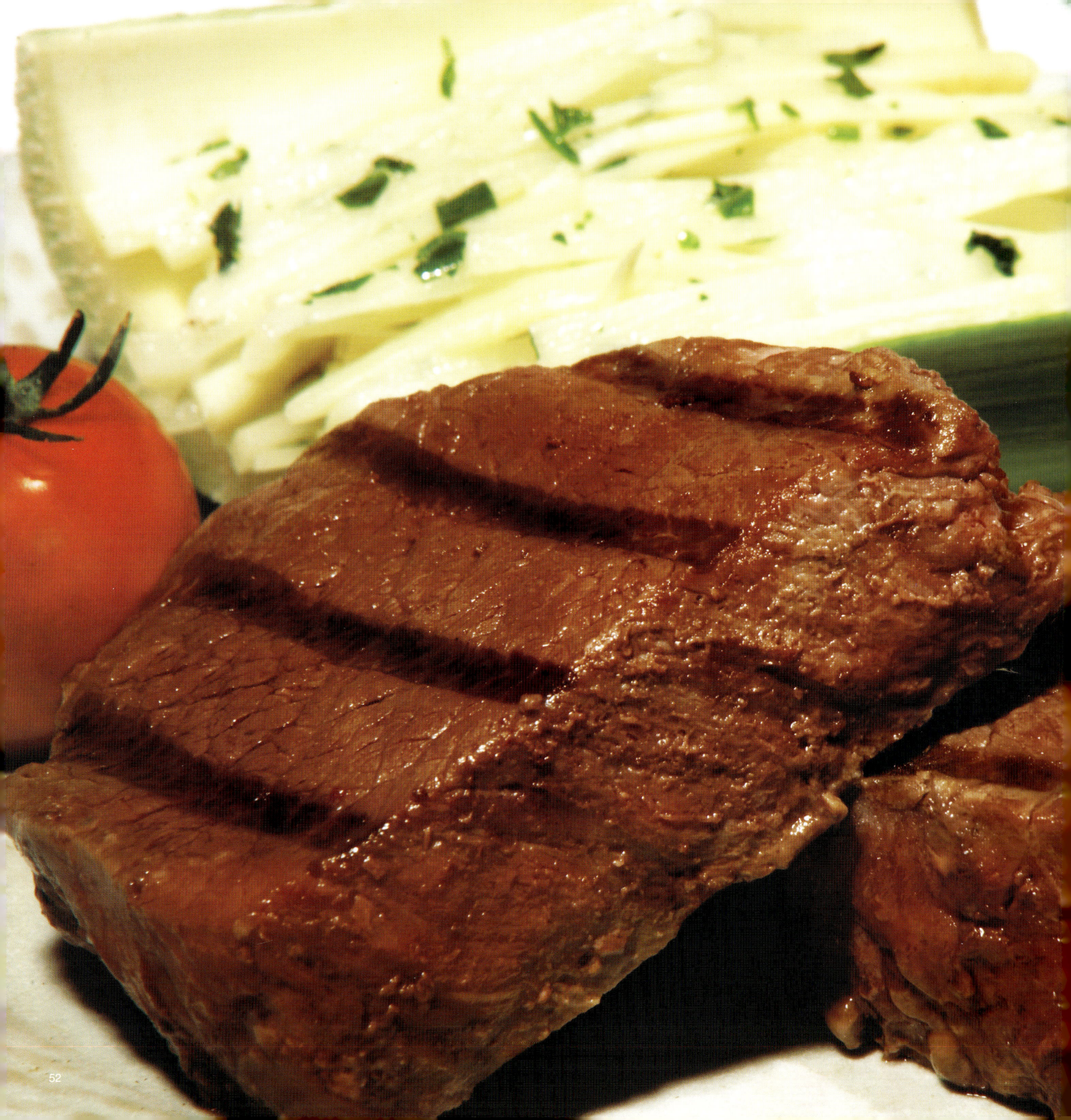

medalhão de alcatra com pupunha

INGREDIENTES
10 medalhões grossos de bombom de alcatra (5 cm de espessura)
sal grosso a gosto
5 cubos de manteiga com pimenta calabresa em temperatura ambiente
3 colheres (sopa) de azeite
3 xícaras (chá) de palmito pupunha desfiado
sal refinado a gosto
1 colher (sopa) de coentro picado

MODO DE PREPARO
Salgue os medalhões de alcatra com o sal grosso, dos dois lados. Arrume na grelha e leve ao braseiro forte. Durante o cozimento da carne, vá pincelando com a manteiga de calabresa dos dois lados dos medalhões até ficarem no ponto desejado. Em uma panela, aqueça o azeite e refogue o palmito. Junte o sal e o coentro e desligue. Coloque os medalhões de alcatra nos pratos e, sobre eles, o palmito salteado.

RENDIMENTO 10 porções

espetinho de alcatra com queijo coalho

INGREDIENTES
meia xícara (chá) de suco de laranja
meia xícara (chá) de vinagre
2 colheres (sopa) de mel
2 colheres (sopa) de molho de soja
1 colher (sopa) de óleo de gergelim
sal a gosto
30 cubos médios de coração de alcatra
30 cubos de queijo de coalho
20 pimentas de biquinho
palitos para churrasco

MODO DE PREPARO
Faça uma marinada com o suco de laranja, o vinagre, o mel, o molho de soja, o óleo de gergelim e o sal. Tempere os cubos de alcatra nessa marinada e coloque nos palitos de churrasco já aquecidos, intercalando com o queijo de coalho. Finalize com uma pimenta de biquinho em cada ponta do palito. Leve à grelha em braseiro médio.

RENDIMENTO 10 porções

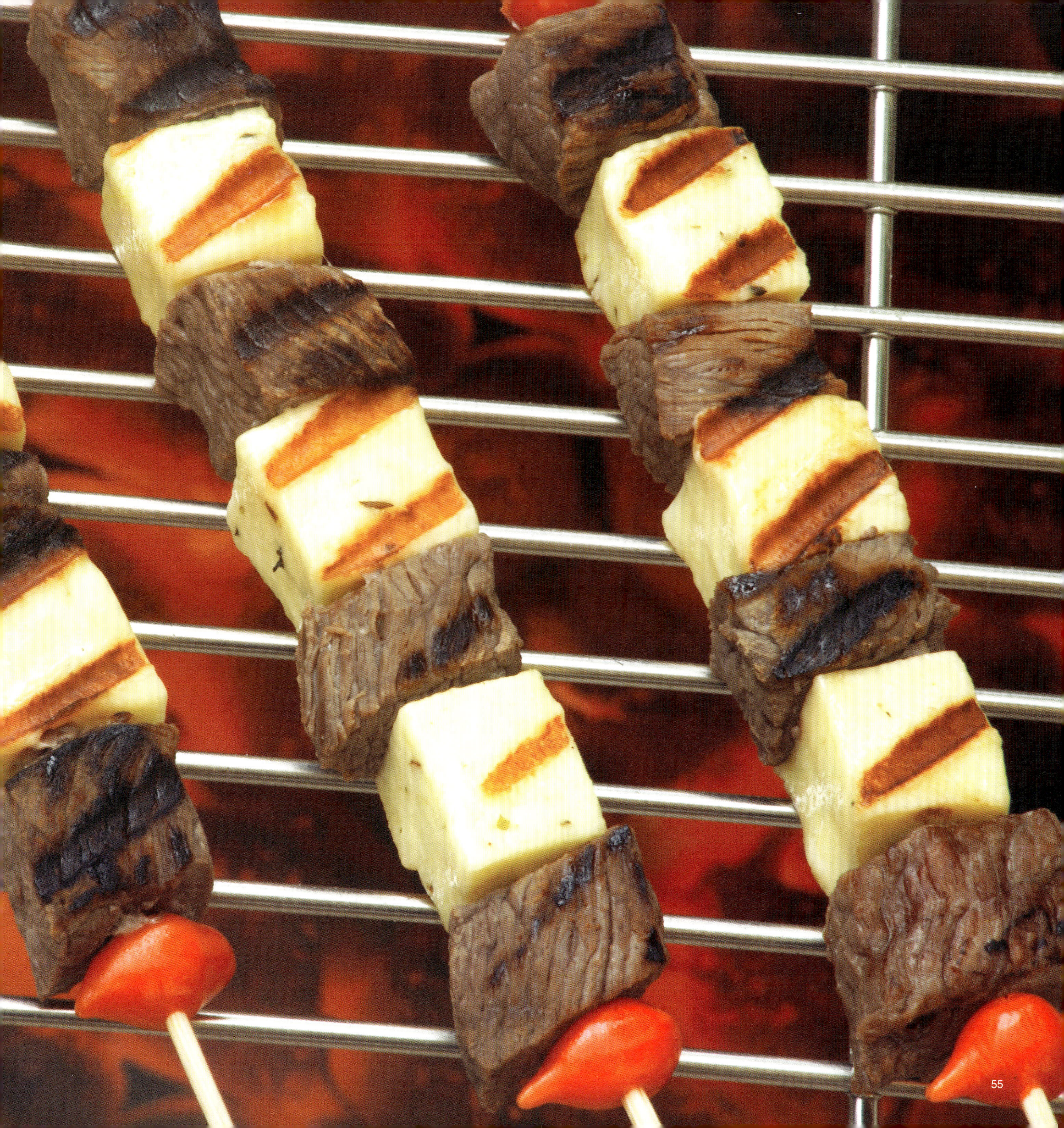

🇬🇧 STRIPLOIN

🇫🇷 FAUX-FILET MAIGRE

🇪🇸 SOLOMILLO / LOMO / BIFE

🇮🇪 CONTRA FILETTO

🇩🇪 FAUX FILET OHNE DECKEL

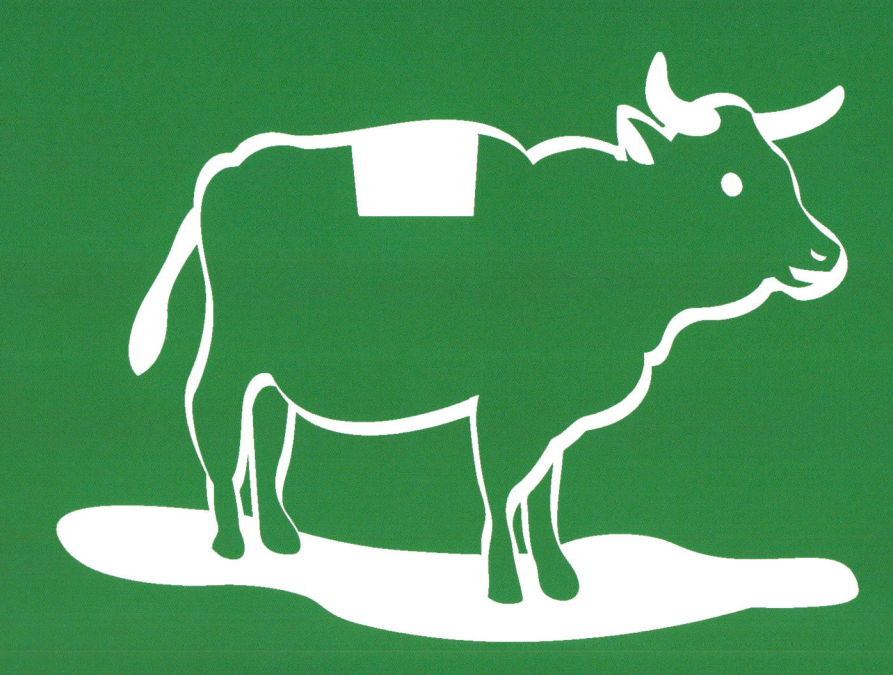

CONTRAFILÉ

ASSIM COMO A ALCATRA, O CONTRAFILÉ É UMA PEÇA GRANDE, QUE ABRANGE QUASE TODO O DORSO DO BOI. DELE, RESULTAM MUITOS CORTES, INCLUSIVE, O QUE POUQUÍSSIMAS PESSOAS SABEM, O RENOMADO CORTE ARGENTINO "OJO DE BIFE" (AQUI, CHAMADO DE CONTRAFILÉ DUPLO) E O ENTRECÔTE FRANCÊS. HÁ CERCA DE 60 ANOS, ERA TIDA COMO UMA PEÇA DURA. HOJE, COM A EVOLUÇÃO DO CONHECIMENTO AGROPECUÁRIO, SABE-SE QUE É UMA CARNE MACIA, DE SABOR ACENTUADO, COM MUITO SUCO. PARA OBTER UMA CARNE TENRA, PROCURE ESCOLHER AS PARTES QUE FICAM MAIS PRÓXIMAS ÀS VÉRTEBRAS LOMBARES, NO LADO OPOSTO AO FILÉ-MIGNON, E AQUELAS CUJA GORDURA É MAIS UNIFORME.

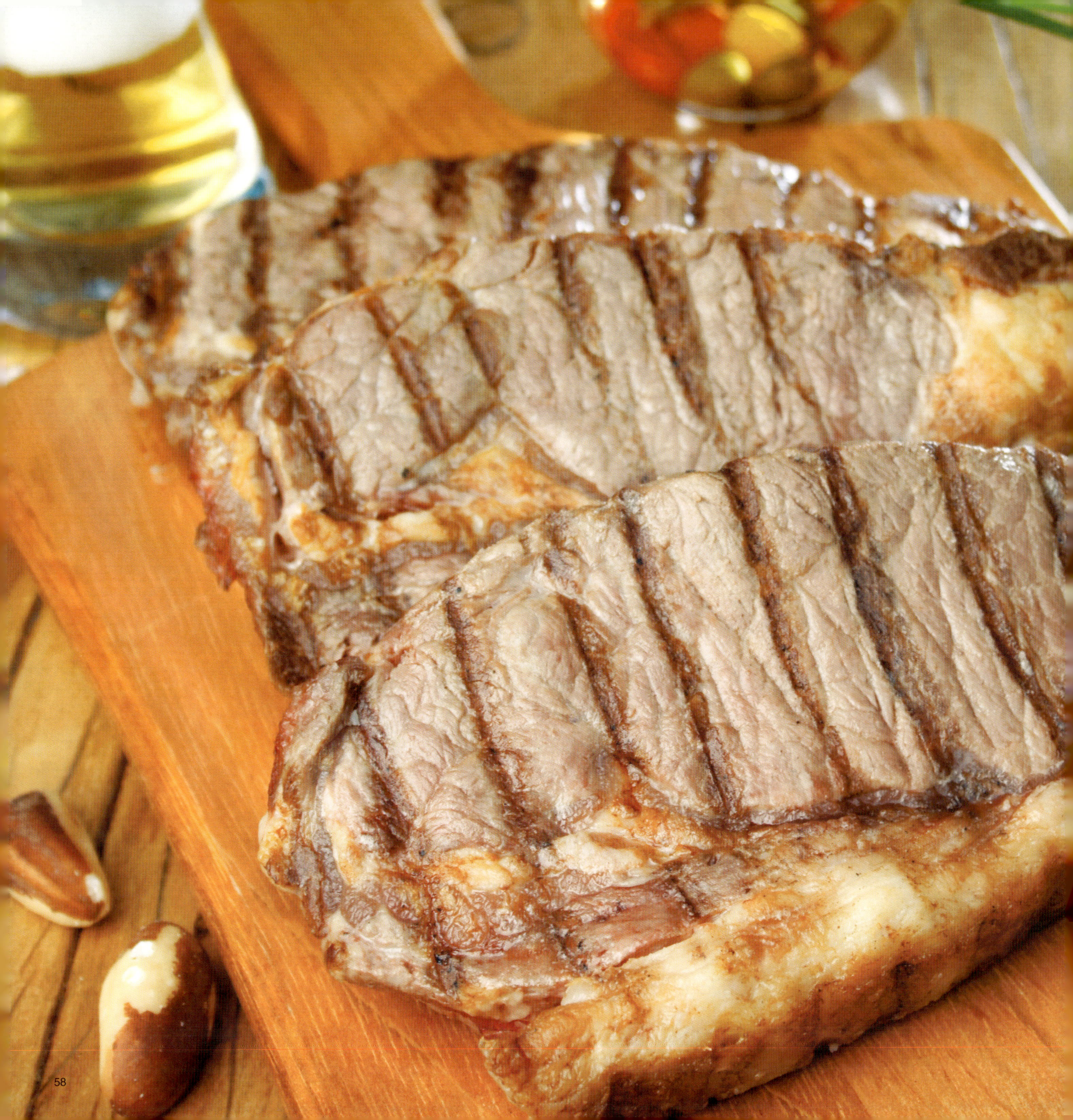

contrafilé com purê de inhame e castanha

INGREDIENTES

3 tomates maduros sem sementes
meia cebola média cortada em pedaços
1 colher (chá) de pimenta dedo-de-moça sem sementes
1 dente de alho
1 colher (chá) de orégano
1 colher (chá) de açúcar
1 colher (chá) de louro em pó
metade de 1 pimentão vermelho sem sementes
1/3 xícara (chá) de azeite
1/3 xícara (chá) de vinagre
salsa a gosto
1 peça de ponta de contrafilé
sal grosso a gosto
1,5 kg de inhame
sal refinado a gosto
2 cravos
meia cebola
2 colheres (sopa) de manteiga
meia xícara (chá) de leite
meia xícara (chá) de castanha-do-pará triturada

MODO DE PREPARO

Bata no liquidificador os tomates, a cebola, a pimenta, o alho, o orégano, o açúcar, o louro, o pimentão, o azeite, o vinagre e a salsa até ficar homogêneo. Reserve. Salgue o contrafilé com o sal grosso, dos dois lados e coloque na grelha em braseiro médio. Pincele sobre a superfície da carne, durante todo o cozimento, o molho batido no liquidificador e deixe assar até ficar macia. Descasque o inhame e cozinhe em água e sal, junto com os cravos espetados na cebola, até ficar macio. Escorra e passe o inhame pelo espremedor de legumes. Volte para a panela, acrescente a manteiga e o leite, mexendo até ficar cremoso. Prove o sal e adicione a castanha-do-pará. Corte o contrafilé em fatias e sirva com o purê de inhame com castanha-do-pará.

RENDIMENTO 10 porções

contrafilé com molho libanês

INGREDIENTES

10 bifes grossos de contrafilé
sal refinado e pimenta síria a gosto
2 colheres (sopa) de záatar
2 potes de iogurte natural de consistência firme
1 colher e meia (sopa) de tahine
meia xícara (chá) de suco de limão
2 colheres (sopa) de gergelim preto

MODO DE PREPARO

Tempere os bifes com o sal e a pimenta síria e leve a grelha em braseiro alto até ficar no ponto desejado. Em uma tigela, misture bem o záatar, o iogurte, o tahine, o suco de limão e o sal. Sirva os bifes de contrafilé com o molho de iogurte o polvilhe o gergelim preto sobre ele.

RENDIMENTO 10 porções

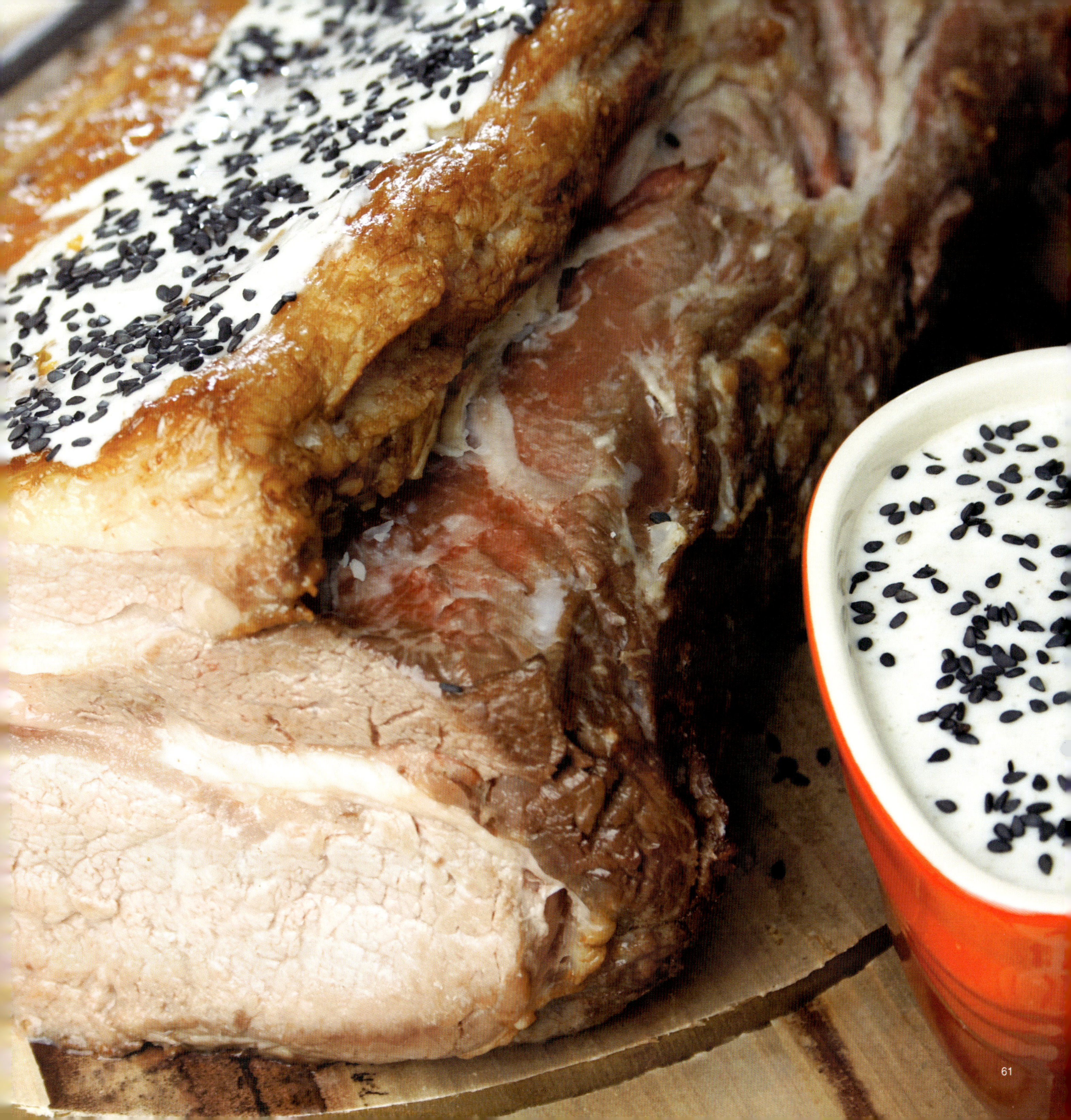

🇬🇧 PAD RUMP TAIL

🇫🇷 AIGUILLETTE DE RUMSTECK

🇪🇸 TAPILLA DE CUADRIL

🇮🇹 FIANCHETTO

🇩🇪 HÜFTDECKEL

MAMINHA

FICA NA REGIÃO MAIS BAIXA DA ALCATRA. É DAQUELES CORTES MAIS DIFÍCEIS DE ACERTAR O PONTO, JÁ QUE A ESPESSURA VARIA BASTANTE AO LONGO DA PEÇA. QUANDO BEM PREPARADA, NO ENTANTO, É UMA DAS CARNES MAIS SUCULENTAS E MACIAS DO CHURRASCO, PELA SUA BOA DOSAGEM DE GORDURA ENTRE AS FIBRAS. O IDEAL É SERVI-LA AO PONTO, COM O MIOLO AINDA ROSADO, E CORTÁ-LA NO SENTIDO CONTRÁRIO ÀS FIBRAS – DICAS QUE GARANTEM UMA CARNE TENRA.

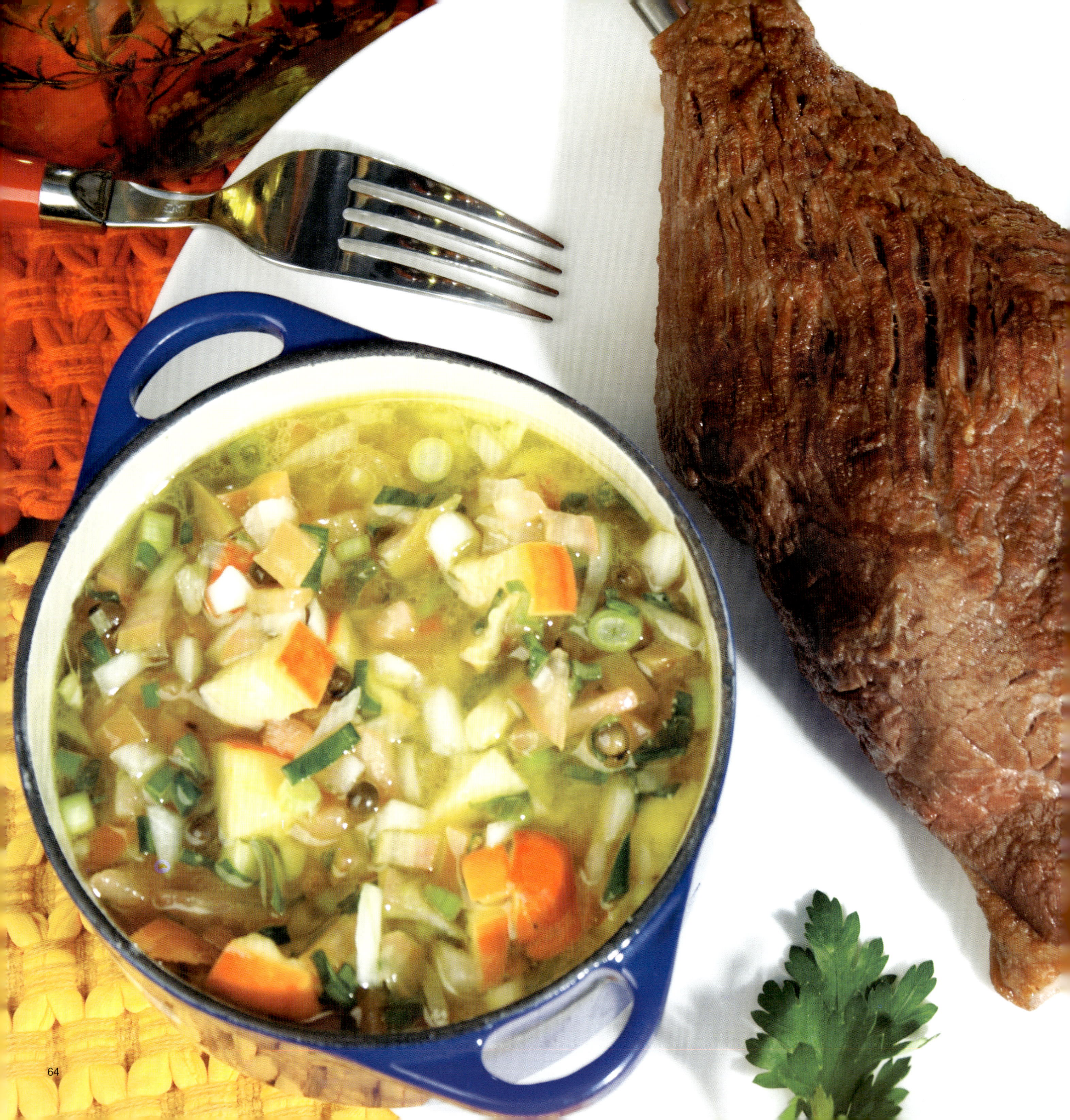

maminha condimentada ao molho de caju

INGREDIENTES
1 colher (sopa) de açúcar mascavo
1 xícara (chá) de vinagre de vinho tinto
1 pitada de cravo em pó
1 colher (chá) de mostarda em grão
1 colher (chá) de pimenta-da-jamaica moída
1 maçã verde pequena sem casca ralada
sal a gosto
1 peça de maminha

molho de caju
1 caju grande sem a castanha
1 tomate grande sem semente
meia xícara (chá) de cebolinha picada
meia cebola média picada
4 colheres (sopa) de suco de caju concentrado
meia xícara (chá) de vinagre de vinho branco
1 colher (sopa) de pimenta-do-reino verde
meia xícara (chá) de azeite
sal a gosto

MODO DE PREPARO
Em um refratário, misture o açúcar, o vinagre, o cravo em pó, a mostarda em grãos, a pimenta-da-jamaica, a maçã ralada e o sal. Reserve. Faça pequenos furos na peça de maminha para pegar melhor o tempero. Embrulhe em papel-alumínio, junto com o tempero, e leve à grelha em braseiro forte. Quando estiver macia, abra o embrulho, deixe secar o líquido e retire do papel-alumínio. Deixe dourar e corte em fatias.

molho de caju
Pique o caju e o tomate e misture com a cebolinha, a cebola, o suco de caju, o vinagre, a pimenta-do-reino verde, o azeite e o sal. Sirva as fatias de maminha com o molho de caju.

RENDIMENTO 10 porções

maminha caipira

INGREDIENTES
2 peças de maminha
sal fino e mix de pimentas secas moídas a gosto
1 xícara (chá) de cebolinha picada
2 xícaras (chá) de linguiça fresca moída
4 colheres (sopa) de queijo meia cura ralado
1 xícara (chá) de azeitonas pretas picadas

MODO DE PREPARO
Com uma faca bem afiada, faça uma cavidade horizontal profunda no centro de cada maminha, tomando cuidado para não furar a outra ponta e nem abrir as laterais. Tempere com o sal e a pimenta. À parte, misture a cebolinha, a linguiça, o queijo e as azeitonas. Recheie as cavidades das maminhas com a mistura de linguiça e embrulhe-as, separadamente, em papel-alumínio. Leve à churrasqueira, sobre a grelha, em braseiro forte, até ficar macia. Abra os embrulhos, deixe dourar e sirva fatiada.

RENDIMENTO 10 porções

67

🇬🇧 **THIN SKIRT**

🇫🇷 **HAMPE**

🇪🇸 **ENTRAÑA FINA**

🇮🇹 **LOMBATELLO SOTTILE**

🇩🇪 **SAUMFLEISCH**

FRALDINHA

JÁ FOI CONSIDERADA CARNE INFERIOR POR SE TRATAR DE UMA FRAÇÃO UM TANTO INTERCEPTADA POR NERVOS E GORDURAS. NO BOI, SITUA-SE NA PARTE BAIXA DA BARRIGA, NUMA FAIXA LONGA. MINHA SUGESTÃO É DOSAR O SAL, JÁ QUE, POR SER POUCO ESPESSA, PODE FICAR MUITO SALGADA. ASSIM COMO A MAMINHA, EU SUGIRO CORTÁ-LA NO SENTIDO OPOSTO ÀS FIBRAS, COM UMA FACA BEM AFIADA, DICA QUE EVITA A RIGIDEZ DA CARNE.

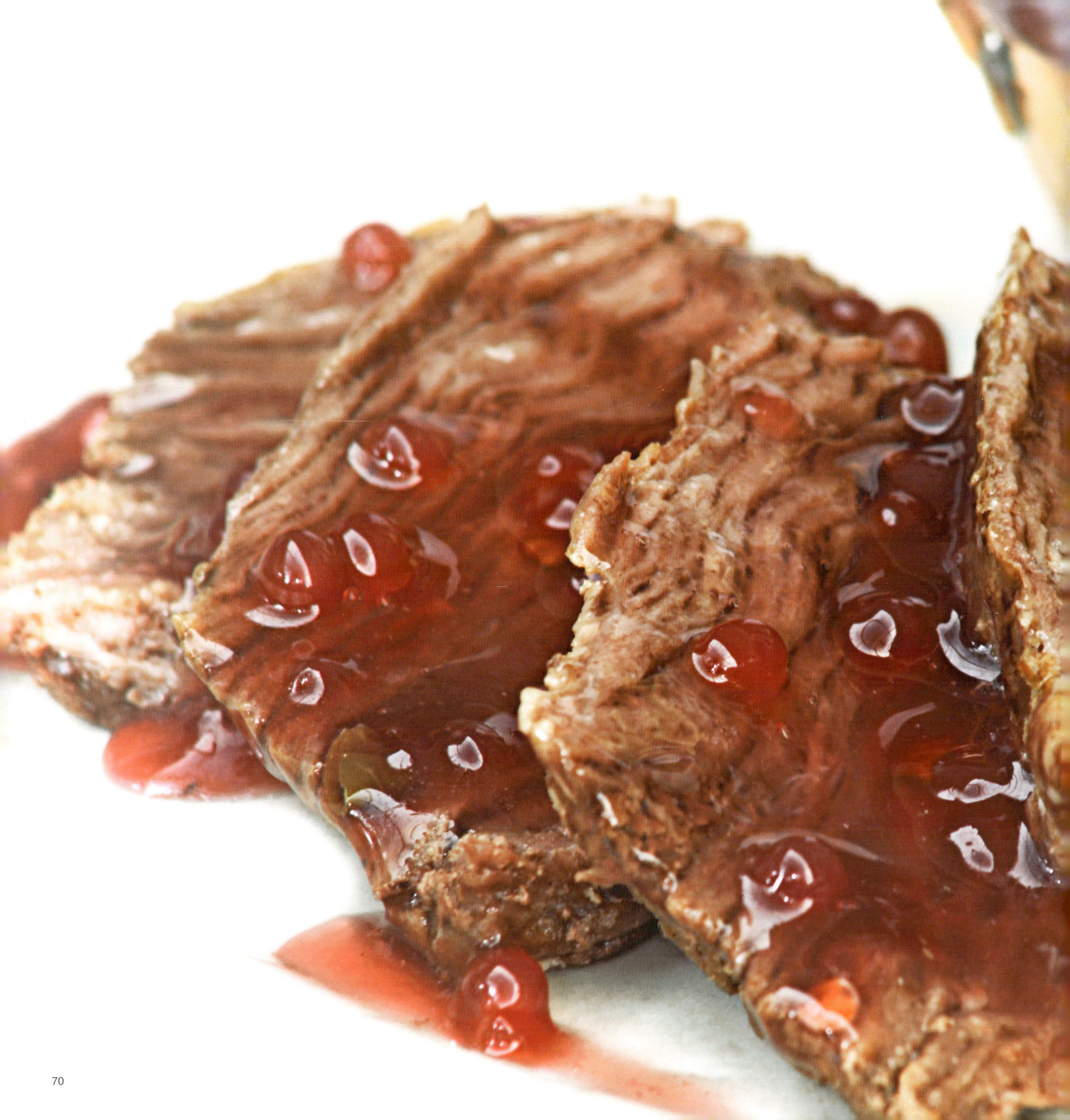

fraldinha com sagu

INGREDIENTES
1 peça de fraldinha
3 colheres (sopa) de alho em pasta
sal grosso a gosto
meia xícara (chá) de sagu
1 xícara (chá) de vinho tinto seco
1 colher (sopa) de tomilho fresco
2 colheres (sopa) de manjericão roxo fresco
2 colheres (sopa) de manjerona fresca
2 colheres (sopa) de azeite
1 envelope de caldo de carne em pó
sal e pimenta calabresa a gosto

MODO DE PREPARO
Tempere a fraldinha com o alho e o sal. Leve à churrasqueira no espeto ou grelha, em braseiro médio até ficar macia. Em uma panela, coloque uma xícara e meia (chá) de água, o sagu e o vinho e deixe descansar por duas horas. Junte o tomilho, o manjericão, a manjerona, o azeite, o caldo de carne, o sal e a pimenta calabresa. Cozinhe, mexendo sempre, em fogo baixo, até o sagu ficar transparente. Fatie a fraldinha e sirva com o sagu.

RENDIMENTO 10 porções

🇬🇧	T-BONE
🇫🇷	T-BONE
🇪🇸	T-BONE
🇮🇹	T-BONE
🇩🇪	T-BONE

T-BONE

CORTE DE SUCESSO ENTRE OS NORTE-AMERICANOS, A PEÇA ABRANGE PARTE DO CONTRAFILÉ, DA ALCATRA E O FILÉ-MIGNON, INTERCEPTADA POR UM OSSO DA VÉRTEBRA. OS BRASILEIROS APRENDERAM A ADMIRAR SUA SUCULÊNCIA E SABOR, PRINCIPALMENTE EM CASAS ESPECIALIZADAS EM CORTES ESPECIAIS. A MELHOR MANEIRA DE GRELHÁ-LA É EM POSTAS MAIS GROSSAS, NA PARTE MAIS BAIXA DA CHURRASQUEIRA, SELANDO-A DOS DOIS LADOS.

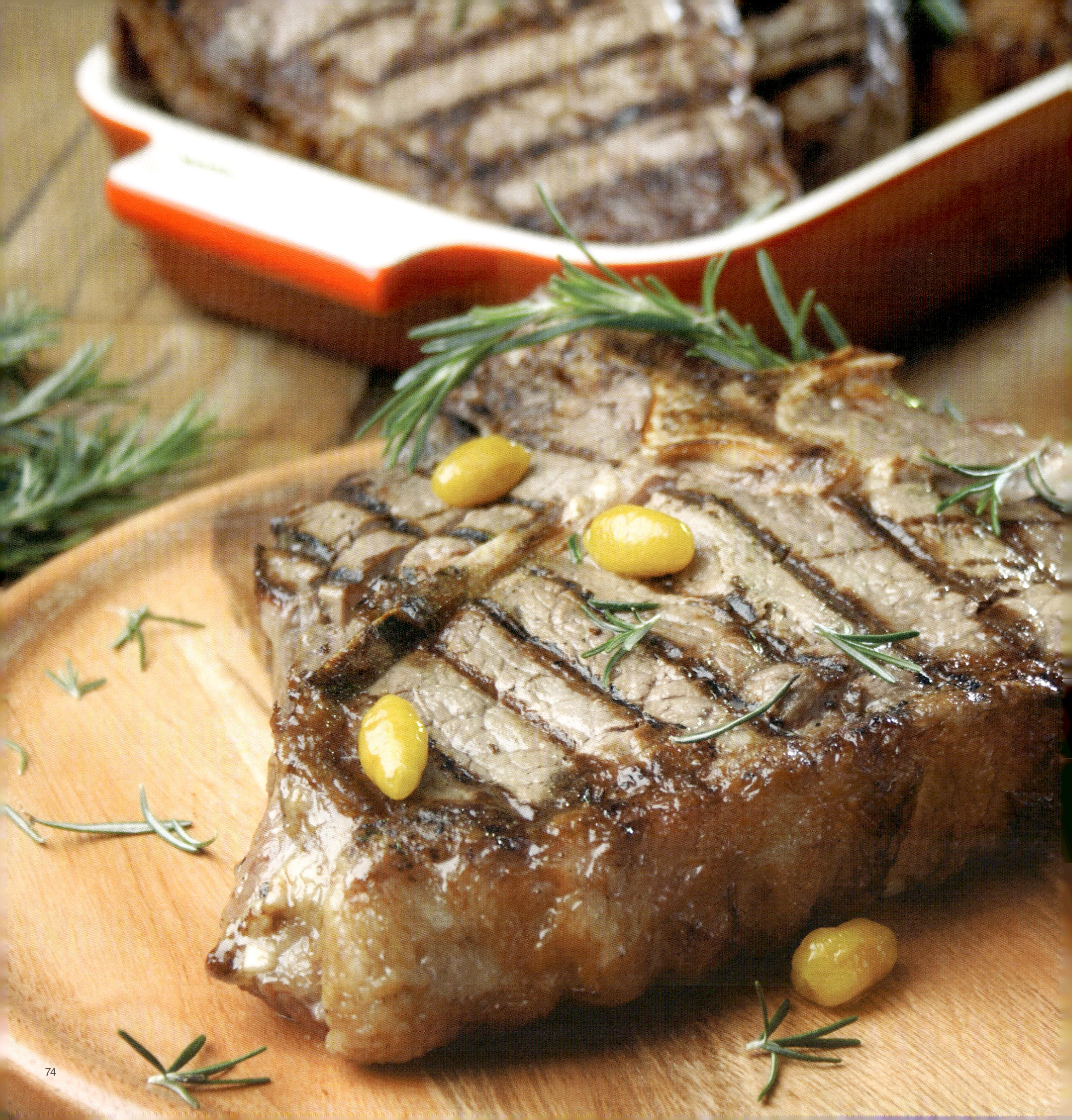

t-bone com pitanga

INGREDIENTES

500 ml de suco de pitanga concentrado
1 xícara (chá) de vinho branco seco
2 cebolas médias picadas
3 dentes de alho amassados
1 colher (sopa) de alecrim
sal refinado a gosto
2 pimentas-cumari do Pará picadas
10 t-bones

MODO DE PREPARO

Misture, em uma vasilha funda, o suco de pitanga, o vinho branco, a cebola, o alho, o alecrim, o sal e a pimenta. Coloque os t-bones, cubra com filme plástico e deixe marinar por 4 horas na geladeira. Leve à churrasqueira para grelhar e vá molhando os t-bones, dos dois lados, com a marinada até que esteja cozido.

RENDIMENTO 10 porções

🇬🇧 PRIME RIB
🇫🇷 PRIME RIB
🇪🇸 PRIME RIB
🇮🇪 PRIME RIB
🇩🇪 PRIME RIB

PRIME RIB

CORTE AMERICANO MUITO BEM ACEITO ENTRE OS GOURMETS BRASILEIROS (POR MIM, INCLUSIVE), É UMA PEÇA ARTESANAL EXTREMAMENTE SUCULENTA QUE ABRANGE O BIFE DE ANCHO, BIFE DE CHORIZO E A PRÓPRIA COSTELA, COM APROXIMADAMENTE 650 g. O SEU SEGREDO ESTÁ NO FATO DE SER MUITO MARMOREADA, ISTO É, ENTREMEADA POR FILAMENTOS DE GORDURA QUE DERRETEM EM CONTATO COM O CALOR DA BRASA, TORNANDO-A MAIS TENRA E SABOROSA.

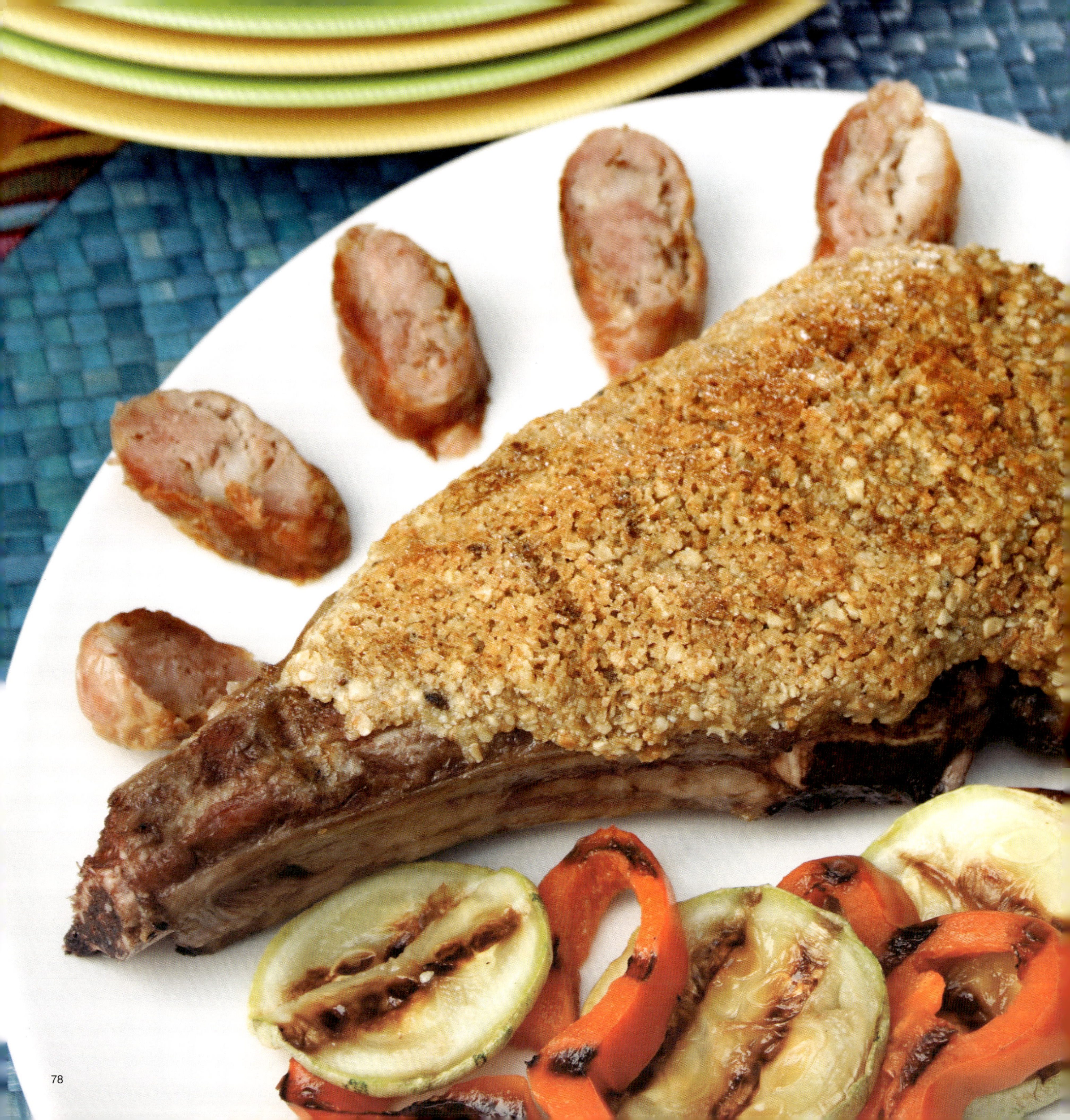

prime rib em crosta de castanha-de-caju

INGREDIENTES
2 xícaras (chá) de castanha-de-caju triturada
4 colheres (sopa) de farinha de rosca
4 colheres (sopa) de parmesão ralado
1 tablete de manteiga com sal em temperatura ambiente
2 peças de prime rib
sal e pimenta vermelha em pó a gosto

MODO DE PREPARO
Misture, em uma tigela, a castanha-de-caju, a farinha de rosca, o parmesão e a manteiga, formando uma massa. Reserve. Corte as peças de prime rib entre os ossos, formando bifes grandes com um osso cada. Tempere com o sal e a pimenta. Leve à churrasqueira grelhando os dois lados. Quando estiver no final do cozimento, coloque uma camada de manteiga de castanha sobre cada bife, formando uma crosta. Deixe na grelha até derreter a manteiga e a crosta ficar crocante.

RENDIMENTO 10 porções

🇬🇧 RIB
🇫🇷 ENTRECÔTE
🇪🇸 COSTILLA
🇮🇪 NOCE COSTATA
🇩🇪 HOCHRIPPE

COSTELA

A MAIS TRADICIONAL DAS CARNES DO CHURRASCO É TAMBÉM UMA DAS QUE SE EXIGE MAIS CUIDADO. MUITAS PESSOAS ATÉ PREFEREM NÃO SE ARRISCAR E A EXCLUEM DO MENU DO CHURRASCO. É O CORTE CONSTITUÍDO PELAS OITO ÚLTIMAS COSTELAS, QUE, QUANDO MAL GRELHADA, PODE FICAR RÍGIDA, AINDA MAIS SE LEVARMOS EM CONSIDERAÇÃO O FATO DE O BOI BRASILEIRO SER MAIS MAGRINHO QUE O EUROPEU E O ARGENTINO. EU COSTUMO COLOCÁ-LA NA GRELHA MAIS ALTA DA CHURRASQUEIRA, A CERCA DE 60 CM, DEIXANDO QUE O CALOR ASSE POR INTEIRO, AOS POUCOS, NUMA TEMPERATURA MAIS AMENA, POR PELO MENOS DUAS HORAS.

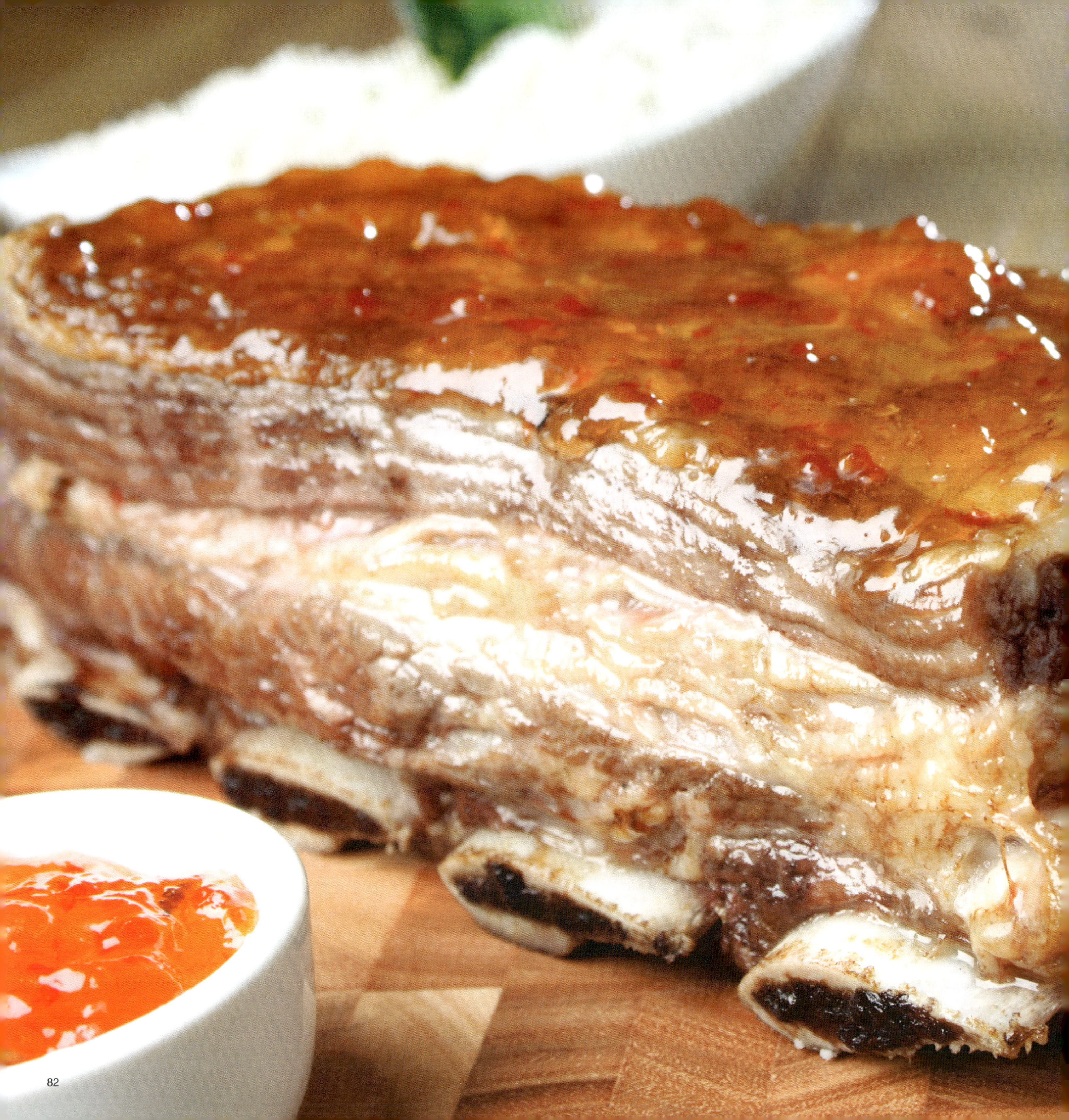

costela com geleia de pimenta

INGREDIENTES
2 xícaras (chá) de suco de acerola concentrado
1 cebola roxa ralada
3 dentes de alho picados
meia xícara (chá) cebolinha picada
2 colheres (sopa) mel
sal a gosto
1 peça de costela minguinha
1 vidro de geleia de pimenta

MODO DE PREPARO
Em um refratário grande junte o suco de acerola, a cebola, o alho, a cebolinha, o mel e o sal. Coloque a costela nesta marinada, cubra com filme plástico e deixe tomar gosto, na geladeira, por 4 horas. Leve à churrasqueira para grelhar até ficar macia. Corte a costela entreossos e sirva com a geleia de pimenta.

RENDIMENTO 10 porções

🇬🇧	TENDERLOIN
🇫🇷	FILET
🇪🇸	SOLOMILLO
🇮🇹	FILETTO
🇩🇪	FILET

FILÉ-MIGNON

MUITA GENTE NÃO TEM O HÁBITO DE INCLUÍ-LA NO CHURRASCO, MAS ESSA PEÇA DE MACIEZ ESPECIAL PODE SIM IR PARA A GRELHA. PARA ISSO, NO ENTANTO, É PRECISO ESCOLHER UM FILÉ MAIS MARMORIZADO, OU SEJA, COM GORDURA ENTRE AS FIBRAS, E TEMPERÁ-LO BEM, NÃO APENAS COM SAL – PODE SER USADO UM MOLHO COM ESPECIARIAS E AZEITE, POR EXEMPLO. EU PROCURO USAR A PARTE MAIS CENTRAL DO FILÉ, QUE É MAIS MACIA, E DEIXAR AS PONTAS APENAS PARA ESPETINHOS.

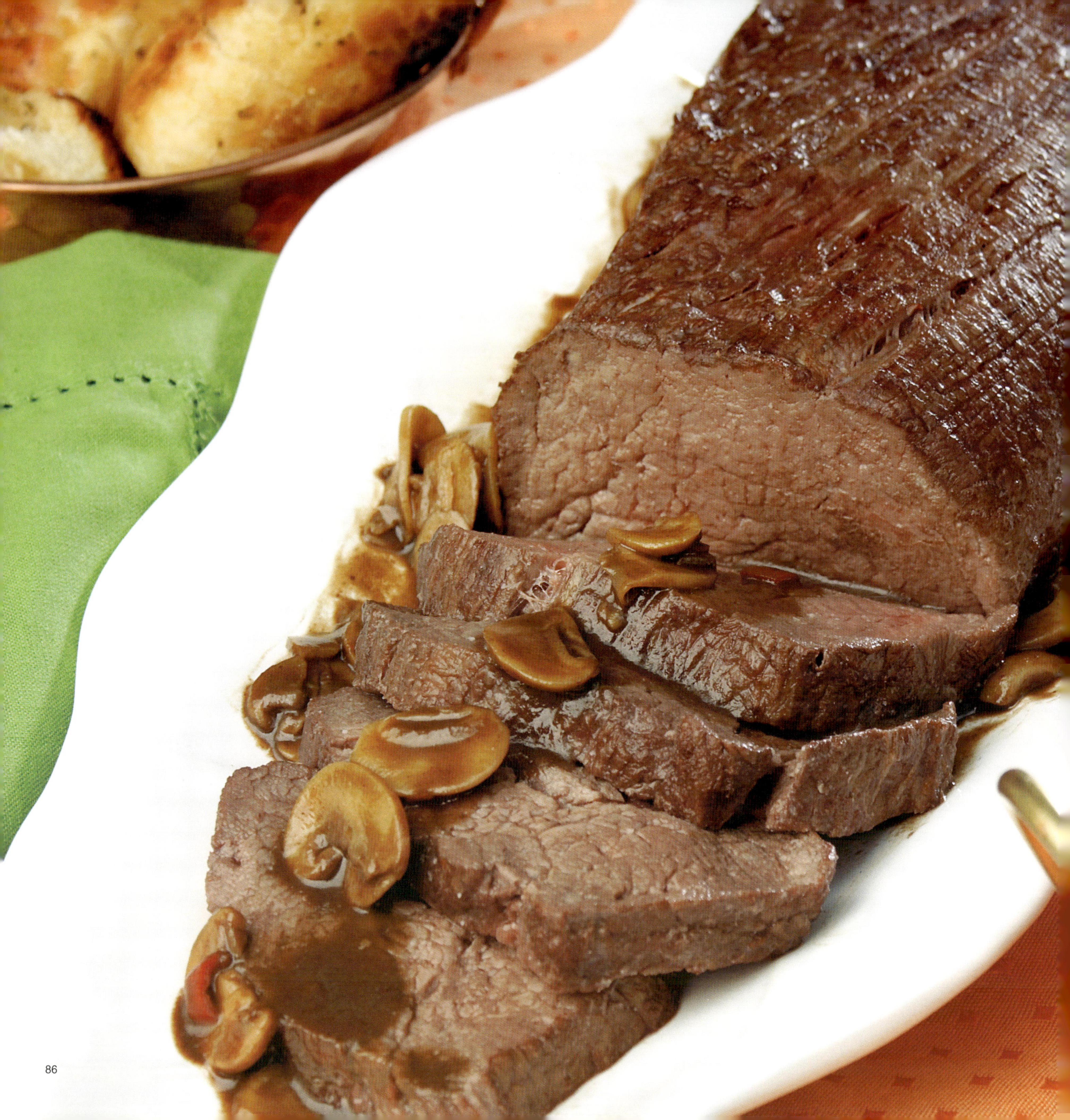

filé-mignon ao molho excêntrico

INGREDIENTES
meia xícara (chá) de vinagre tinto
2 dentes de alho amassados
2 colheres (sopa) de sal grosso
1 peça de filé-mignon cortada em medalhões
1 buquê pequeno de salsa

molho
3 colheres (sopa) de azeite
1 xícara (chá) de cogumelos-de-paris fatiados finos
2 colheres (sopa) de melado de cana
3 colheres (sopa) de mostarda escura
1/4 de xícara (chá) de aceto balsâmico
sal e pimenta de cheiro a gosto

MODO DE PREPARO
Misture o vinagre, o alho, o sal grosso e meia xícara (chá) de água. Reserve. Coloque os medalhões de filé-mignon no espeto, leve à churrasqueira e vá molhando a carne com o tempero reservado, utilizando o buquê de salsa.

molho
Em uma frigideira, aqueça o azeite e refogue os cogumelos até amolecerem. Junte o melado, a mostarda, o aceto, o sal e a pimenta. Deixe ferver até o molho ficar espesso e desligue. Sirva o filé-mignon fatiado acompanhado do molho.

RENDIMENTO 8 porções

🇬🇧 RUMP CAP

🇫🇷 AIGUILLETTE ROSBIF DE CROUPE

🇪🇸 TAPA DE CUADRIL

🇮🇪 COPERTURE DELLO SCAMONE

🇩🇪 HÜFTDECKEL

PICANHA

NEM PRECISA SER APAIXONADO POR CHURRASCO PARA ASSOCIÁ-LO A UMA SUCULENTA PICANHA SENDO FINAMENTE CORTADA, DEIXANDO TRANSPARECER SUA COLORAÇÃO INTERNA AVERMELHADA E SUA TENRA GORDURA. POIS É, CHURRASCO NO BRASIL É QUASE SINÔNIMO DE PICANHA. A FESTA EM SI É MUITO MAIS QUE ISSO, NÓS SABEMOS, MAS SEM ESTE CORTE TÃO ESPECIAL NENHUM CHURRASCO SE REALIZA NESTAS TERRAS. ISSO PORQUE O CHURRASCO DE PICANHA É SIM UMA DESCOBERTA BRASILEIRA E MUITO BEM VALORIZADA POR NÓS. UM CAPÍTULO À PARTE.

PICANHA, O "GOL" DO CHURRASCO

Dispensada pelos nossos "hermanos" argentinos e pouco valorizada pelos austríacos e alemães (eles cozinham essa preciosidade), a picanha conquistou o gosto dos brasileiros, desbancando inclusive o alto posto do contrafilé e do filé-mignon. Isso porque tem sabor único, maciez invejável e muito suco. O motivo de tantas qualidades vem do fato desta peça estar numa região pouco movimentada do boi, "donde se pica la aña", ou seja, na parte da anca onde os vaqueiros cutucam os bois com um objeto pontiagudo para conduzilos (saiba mais sobre a descoberta da picanha como churrasco no capítulo "História do Churrasco", neste livro).

A fama é tanta que, só na cidade de São Paulo, pelo menos 150 toneladas desta peça são consumidas por semana. Levando em consideração o fato de cada boi ter apenas duas picanhas, e elas representarem apenas 1% do animal, como se faz para abastecer tanta demanda? A tal fartura nos é concedida pelo não consumo da carne em outros países, em grande parte da Argentina.

Com a valorização e consequente aumento de preço, surgiram alguns "truques" na hora de se comercializar a picanha. O mais comum deles, até hoje praticado, é a venda da peça com aproximadamente 3 kg de peso. Atenção, picanha verdadeira não pesa mais de 1,5 kg, o restante é coxão duro, outra carne, de características diferentes (mais dura, por exemplo), que está diretamente ligada à peça.

Outro detalhe importante para se observar na picanha é a camada de gordura. A gordura de um boi saudável, bem tratado, é uniforme, grossa e com coloração levemente amarelada (mais para o branco).

O resto fica por conta da grelha e dos segredos de cada churrasqueiro. Eu sempre coloco a picanha, quando inteira, a cerca de 40 cm da brasa, já temperada com sal grosso, com a gordura para cima. Deixo selar a carne e só depois viro, deixando a gordura para baixo. Assim, ela perde pouco suco e fica mais macia. Quando em postas, posiciono na grelha, a cerca de 20 cm da brasa, deixando o mesmo tempo de calor para os dois lados. Fica uma verdadeira delícia, como a picanha deve sempre ser.

91

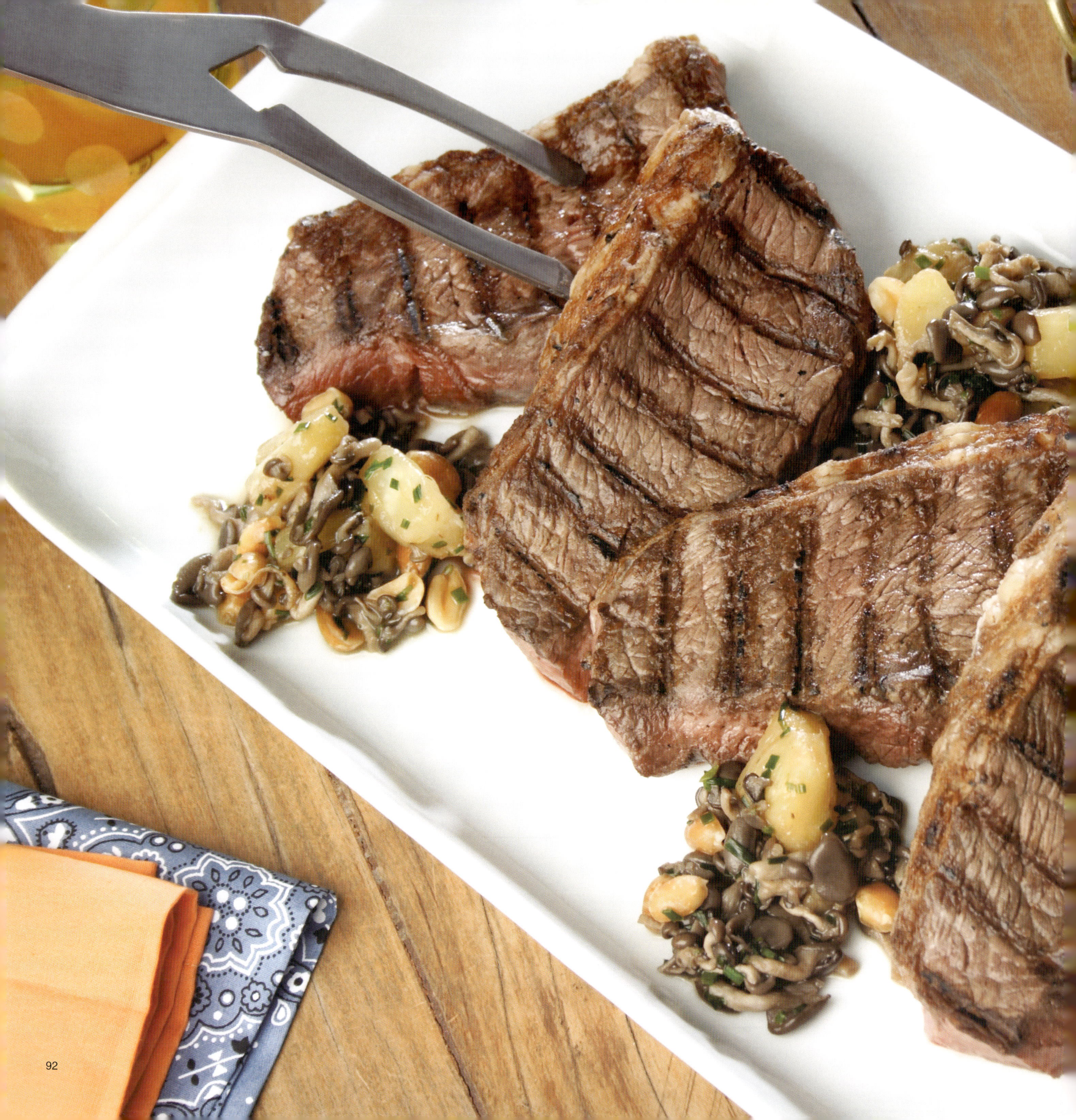

picanha com molho de cachaça e amendoim

INGREDIENTES
2 colheres (sopa) de manteiga
4 xícaras (chá) de shimeji picado
1 xícara e meia (chá) de abacaxi cortado em cubos pequenos
meia xícara (chá) de cachaça
meia xícara (chá) de molho de soja
2 colheres (sopa) de ceboullete picada
meia xícara (chá) de amendoim torrado e sem pele
sal a gosto
1 peça de picanha em fatias grossas
sal grosso a gosto

MODO DE PREPARO
Em uma frigideira de borda alta, derreta a manteiga, junte o shimeji e o abacaxi. Refogue até murchar os cogumelos. Regue com a cachaça e flambe. Acrescente o molho de soja, a ceboullete, o amendoim e o sal. Reserve. Salgue os bifes de picanha com o sal grosso. Coloque na grelha em braseiro alto e asse até o ponto desejado. Coloque em um prato e sirva com o molho sobre os bifes.

RENDIMENTO 10 porções

picanha ao molho indiano

INGREDIENTES
2 picanhas
sal grosso a gosto
1 vidro de leite de coco (200 ml)
1 xícara e meia (chá) de suco de laranja
meia colher (chá) de curry
sal refinado a gosto
1 colher (sopa) de amido de milho

MODO DE PREPARO
Salgue as picanhas com o sal grosso. Leve à churrasqueira para grelhar em braseiro médio até o ponto desejado. Em uma panela coloque o leite de coco, o suco de laranja, o curry, o sal refinado e o amido de milho. Leve ao fogo, mexendo sempre até engrossar. Fatie as picanhas e sirva regada com o molho de curry.

RENDIMENTO 10 porções

95

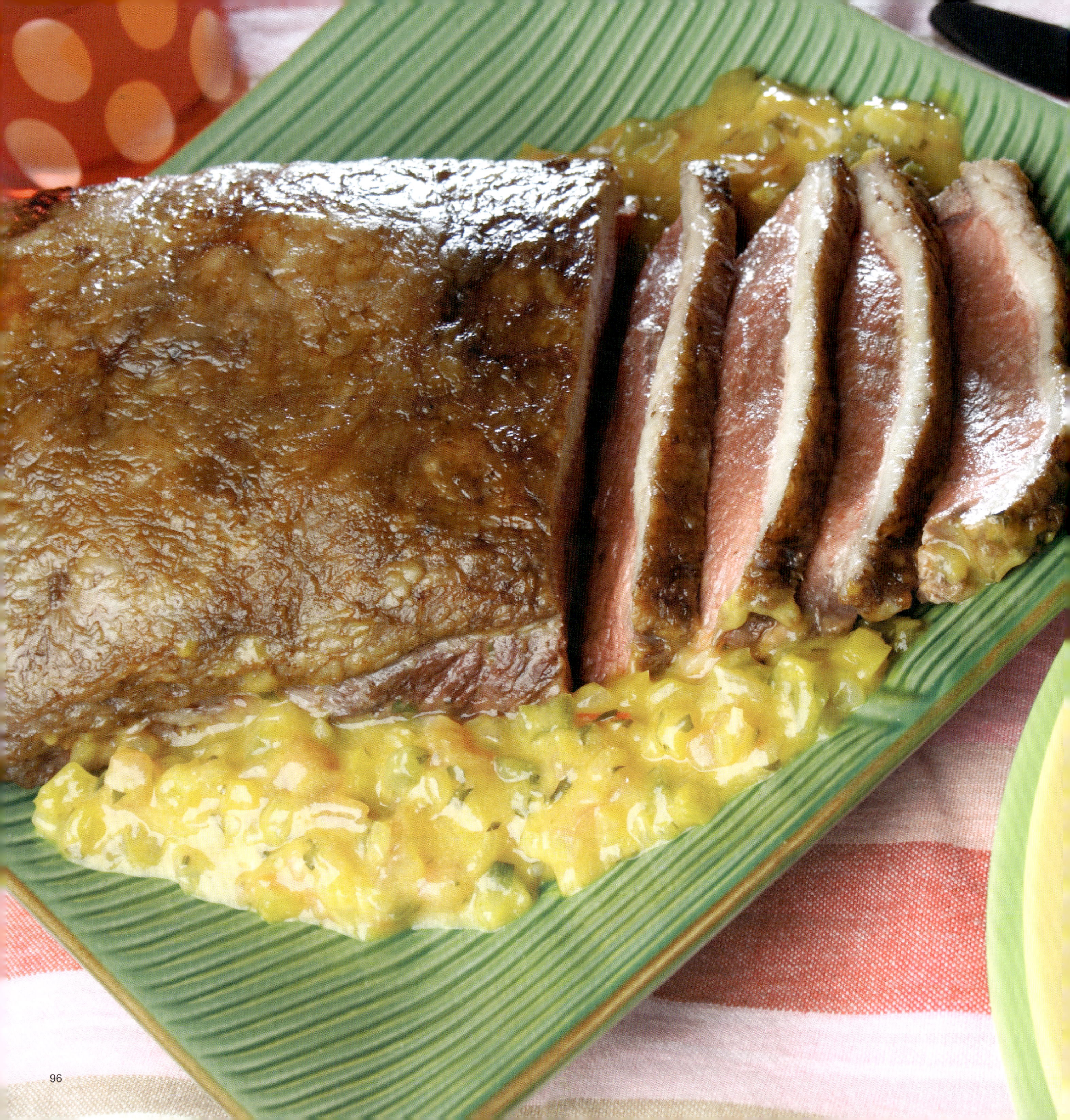

picanha ao molho de moqueca

INGREDIENTES
1 picanha
sal grosso a gosto
3 colheres (sopa) de azeite de dendê
1 cebola média picada
2 dentes de alho picados
meia xícara (chá) de pimentão amarelo picado
meia xícara (chá) de pimentão verde picado
1 tomate sem pele e sem sementes picado
1 vidro de leite de coco (200 ml)
1 envelope de caldo de carne em pó
2 colheres (sopa) de salsa picada
2 folhas de louro
1 colher (sopa) de amido de milho
1 pimenta dedo-de-moça picada
sal refinado a gosto

MODO DE PREPARO
Tempere a picanha com sal grosso. Coloque no espeto e leve à churrasqueira para assar. Em uma panela, aqueça o azeite de dendê e refogue a cebola, o alho, os pimentões e o tomate. Junte o leite de coco e o caldo de carne diluído em uma xícara (chá) de água. Mexa bem. Acrescente a salsa e as folhas de louro, deixe ferver por 5 minutos. Adicione o amido, diluído em meia xícara (chá) de água, mexendo rapidamente até engrossar e junte a pimenta. Prove o sal e desligue. Fatie a picanha e sirva regada com o molho.

RENDIMENTO 10 porções

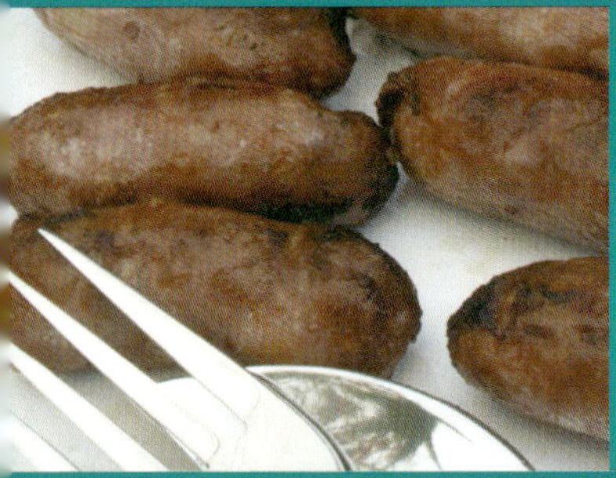
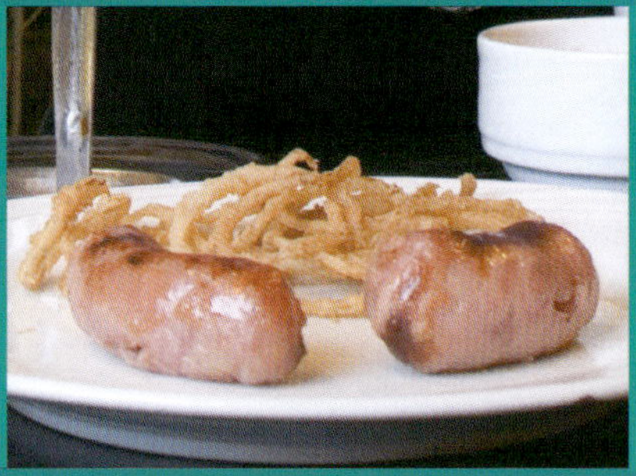
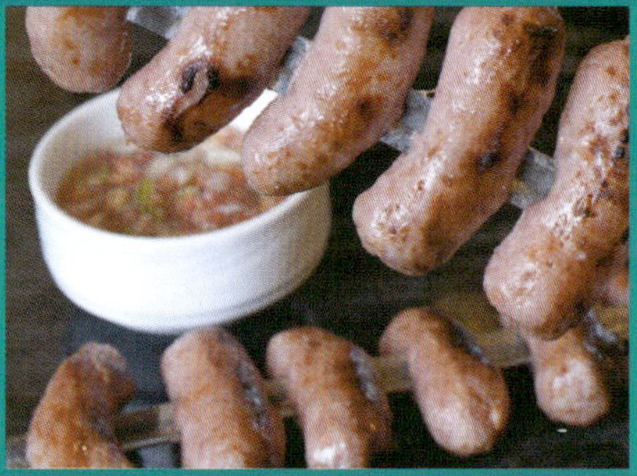
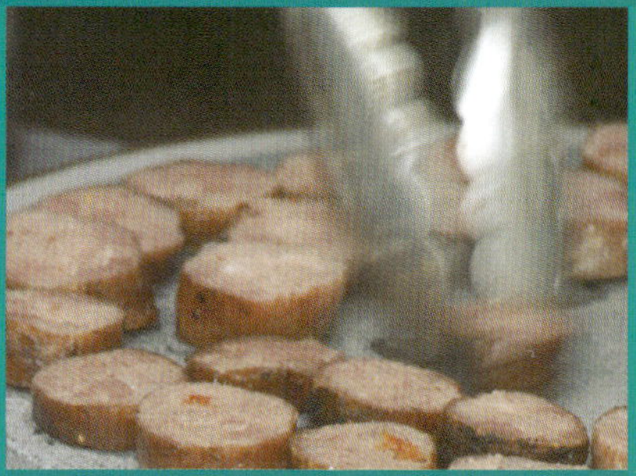
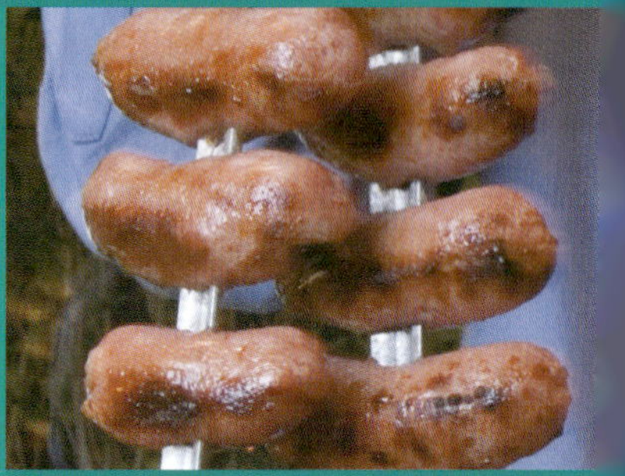

LINGUIÇA

MESMO CONCENTRANDO-ME NO PREPARO APENAS DAS CARNES BOVINAS NESTE LIVRO, NÃO PODERIA DEIXAR DE CITAR UMA IMPORTANTE PRESENÇA DO CHURRASCO: A LINGUIÇA. ELA COMPÕE QUALQUER CHURRASCO COMPLETO, FAZENDO-SE BOA ALIADA NOS MOMENTOS DE IMPACIÊNCIA E FOME DOS CONVIDADOS QUE AGUARDAM ANSIOSOS AQUELA PRIMEIRA PICANHA. COMO TENHO AQUI A FUNÇÃO DE DAR ALGUMAS RECOMENDAÇÕES PRIMORDIAIS DE COMO APERFEIÇOAR O PREPARO DE TODOS OS ELEMENTOS DO CHURRASCO, NÃO PODERIA DEIXAR DE FALAR UM POUCO SOBRE ESSA IMPORTANTE COADJUVANTE.

LICENÇA POÉTICA À COADJUVANTE DO CHURRASCO

Vamos começar pela compra. Evite adquirir linguiças caseiras ou de sangue, pois estas não têm nenhum controle de qualidade. Prefira as que possuam na sua embalagem o símbolo do SIF (Serviço de Inspeção Federal) – aliás, todas as carnes devem ter esse selo. Essas são, com certeza, de qualidade e origem controladas.

Quanto ao tipo, hoje há uma variedade incrível, mas as principais (e mais gostosas para compor a festa) são as toscanas, as de lombo, as calabresas e as de frango. Todas caem muito bem como entrada de um churrasco e também podem ser ingredientes de farofas deliciosas (veja algumas receitas de farofas neste livro).

Alguns segredinhos no momento de ir para a churrasqueira são essenciais. Primeiro, nunca fure com garfo antes de ir para o calor. Esta prática é um dos crimes da cartilha dos bons churrasqueiros, já que só faz com que ela perca aquela gordura interna e a deixa dura e seca para degustação. Simplesmente, coloque-as sobre uma grelha limpa, num patamar intermediário da churrasqueira – se deixá-las muito próximas à brasa, elas queimam por fora rapidamente e ficam cruas por dentro. Deixa-as ir ganhando cor e inchando gradativamente, sem pressa.

Assim, quando estiverem douradas de um lado, basta virá-las, deixando o mesmo tempo para cada face. Na hora de servir, você pode cortá-la em rodelas transversais, o que dá um visual ainda mais bonito. E evite aqueles espetinhos de linguiça, pois tendem a deixar a carne totalmente dura, uma vez que tiram todo o suco interno. Uma dica é servi-las com algum molho à base de maionese ou creme de leite, que conferem uma gostosa combinação.

Eu sempre procuro prepará-las em poucas quantidades, uma vez que linguiça não se guarda, só fica realmente apetitosa bem quentinha e recém-saída da grelha. Além disso, uma boa coadjuvante tem que estar sempre perfeita, do início ao final do show, para que o conjunto da obra seja um sucesso.

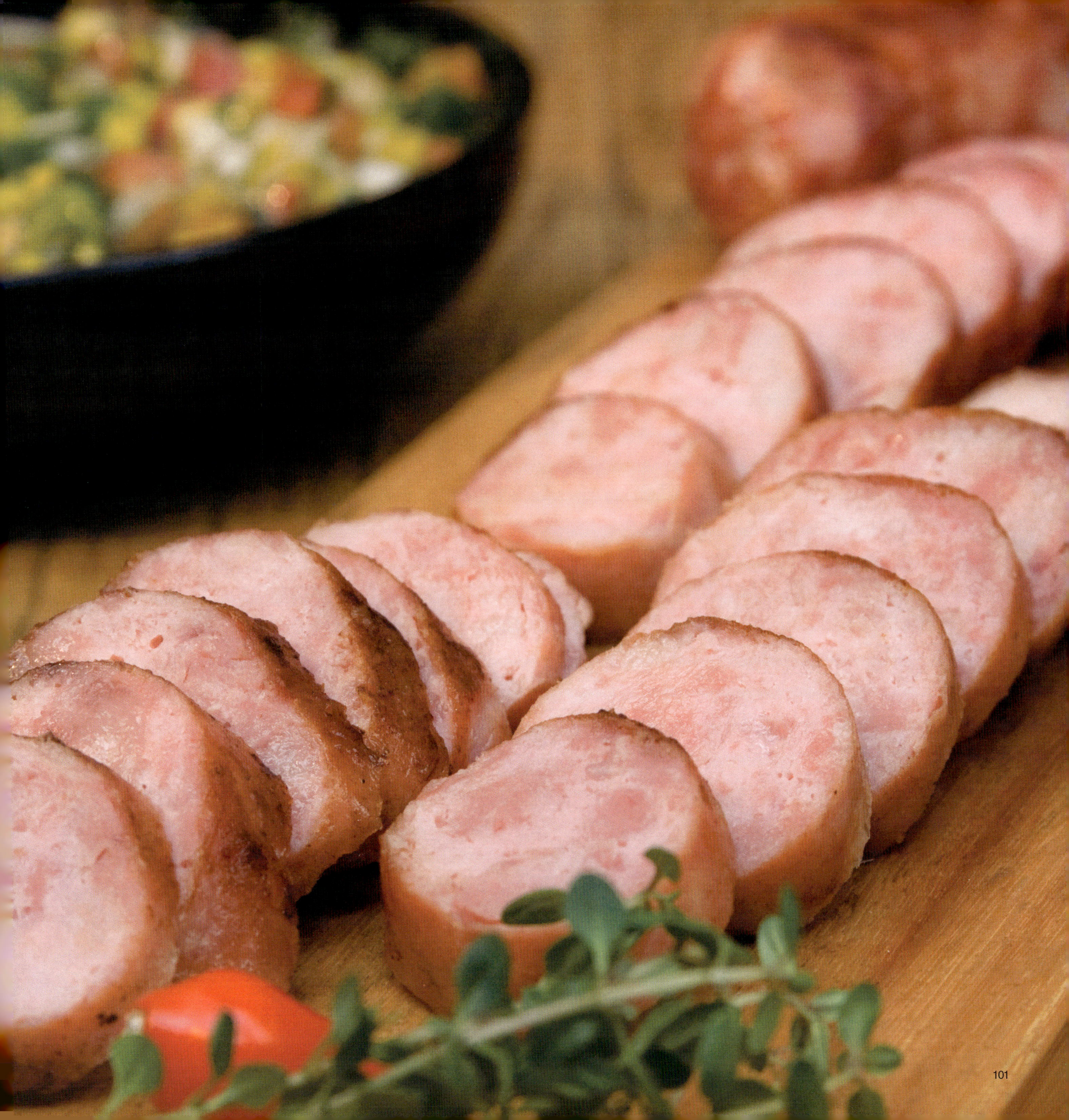

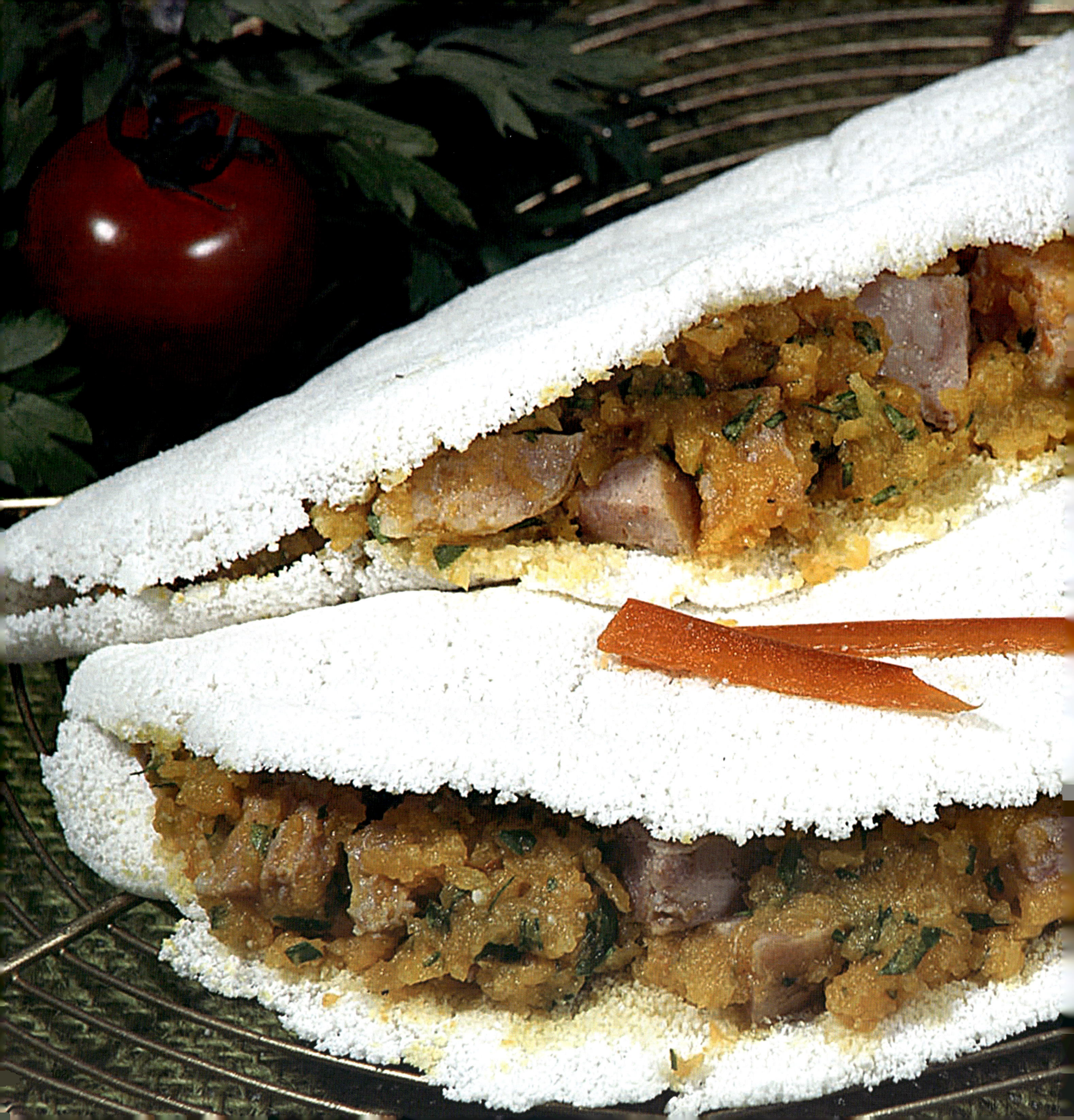

tapioca recheada com jerimum e linguiça

INGREDIENTES

4 linguiças temperadas
3 xícaras (chá) de jerimum cozido e escorrido
2 colheres (sopa) de salsa picada
500 g de farinha de tapioca
meia xícara (chá) de polpa de graviola
meia xícara (chá) de azeite
sal a gosto
pimenta-do-reino branca a gosto

MODO DE PREPARO

Coloque as linguiças na churrasqueira e grelhe até dourar. Corte em pedaços e reserve. Em uma tigela, amasse o jerimum, misture a linguiça e a salsa. Reserve. Em uma frigideira, espalhe uma camada fina de farinha de tapioca formando um disco. Frite até que o disco esteja firme e vire-o, sem quebrar, para fritar do outro lado. Coloque em um prato e repita essa operação até que finalize a farinha. Reserve. Bata no liquidificador a polpa de graviola, o azeite, o sal e a pimenta-do-reino branca. Coloque o purê na metade do disco de tapioca, feche dobrando o outro lado com cuidado. Regue com o molho de graviola e sirva.

RENDIMENTO 10 porções

entradas 106
saladas 110
arroz 114
farofas 118
acompanhamentos 122
molhos 126
marinadas 132

novidades que dão sabor

NESSA FESTA QUE É O CHURRASCO, NÃO BASTA QUE ESTEJA PRESENTE A SUA PRINCIPAL PERSONAGEM, MAS TAMBÉM TUDO AQUILO QUE A RODEIA E A VALORIZA. UM ACOMPANHAMENTO APROPRIADO, BEM HARMONIZADO, PRIVILEGIA O SABOR DA CARNE E AJUDA A SUAVIZAR, POR VEZES, O FORTE PALADAR ENTRE UM PEDAÇO E OUTRO. EU, PARTICULARMENTE, GOSTO DE RECRIAR AS RECEITAS CLÁSSICAS, OPÇÕES QUE DEIXAM A FESTA AINDA MAIS ANIMADA. E SE VOCÊ GOSTA DE MOSTRAR O SEU LADO MAIS CRIATIVO NA COZINHA, APROVEITE PARA SE INSPIRAR COM AS RECEITAS DESTE LIVRO.

ENTRADAS

azeitonas temperadas

INGREDIENTES
2 xícaras (chá) de azeitonas pretas
2 xícaras (chá) de azeitonas verdes
1 xícara (chá) de alho em conserva escorrido
meia xícara (chá) de azeite
orégano a gosto
sal a gosto

MODO DE PREPARO
Em uma travessa coloque todos os ingredientes e misture bem. Leve à geladeira por 12 horas para tomar gosto.

DICA Substitua o alho por tomate seco.
RENDIMENTO 10 porções
TEMPO DE PREPARO 15 minutos

mandioca do sul

INGREDIENTES
3 kg de mandioca em pedaços, fritas
palitos para churrasco
azeite à gosto
1 pacote de farofa pronta

MODO DE PREPARO
Espete os pedaços de mandioca frita nas pontas dos palitos de churrasco. Regue os espetos de mandioca com o azeite e passe na farofa pronta.

RENDIMENTO 10 porções
TEMPO DE PREPARO 45 minutos

palitos de legumes

INGREDIENTES
4 cenouras cortadas em palitos
5 talos de salsão cortados em palitos
4 pepinos tipo japonês cortados em palitos sem semente
3 xícaras (chá) de creme de leite fresco
suco de 1 limão grande
pimenta-do-reino a gosto
3 colheres (sopa) de ceboullete

MODO DE PREPARO
Em um bowl com gelo, coloque os palitos misturados. Reserve na geladeira. Em uma frigideira funda despeje o creme de leite. Junte o suco de limão, a pimenta-do-reino e a cebollete. Ferva em fogo baixo até ficar cremoso. Deixe esfriar e sirva com os palitos de legumes gelados.

RENDIMENTO 10 porções
TEMPO DE PREPARO 40 minutos

SALADAS

salada de feijão-fradinho

INGREDIENTES
500 g de feijão-fradinho cozido
3 cebolas roxas cortadas em meia-lua
4 tomates sem semente picados
2 xícaras (chá) de palmito em rodelas
3 colheres (sopa) de salsinha picada
1 xícara (chá) de azeite
meia xícara (chá) de aceto balsâmico
meia xícara (chá) de mel
3 colheres (sopa) de mostarda
sal a gosto
pimenta-do-reino a gosto

MODO DE PREPARO
Em uma travessa, misture o feijão, a cebola, o tomate e o palmito. Reserve. Coloque o restante dos ingredientes em uma molheira e mexa bem. Despeje sobre a salada de feijão, leve à geladeira para gelar.

DICA Substitua o feijão-fradinho por feijão-branco.
RENDIMENTO 10 porções
TEMPO DE PREPARO 1 hora

salada de batata com sementes de erva-doce

INGREDIENTES
5 batatas descascadas e picadas em cubos médios
3 xícaras (chá) de champignons grandes cortados em quatro partes
1 xícara e meia (chá) de maionese
1 pote de iogurte desnatado
4 colheres (sopa) de mostarda
3 colheres (sopa) de molho inglês
1 colher (sopa) de semente de erva-doce
2 colheres (sopa) de salsinha picada
2 colheres (sopa) de cebolinha picada
sal a gosto
pimenta-do-reino a gosto

MODO DE PREPARO
Cozinhe a batata com água e sal, sem desmanchar e misture com os champignons. Reserve. Bata no liquidificador a maionese, o iogurte, a mostarda e o molho inglês. Passe para uma panela, junte as sementes de erva-doce, ferva por 5 minutos ou até tomar gosto. Acrescente o restante dos ingredientes e mexa bem. Coloque a batata em um refratário e adicione o molho de erva-doce. Envolva bem, leve à geladeira por 2 horas e sirva gelada.

RENDIMENTO 10 porções
TEMPO DE PREPARO 50 minutos

salada especial

INGREDIENTES

2 pés de alface lisa lavados
2 almofadas de minirúcula
2 bandejas de tomate cereja
1 vidro de minimilho picado
2 xícaras (chá) de muçarela de búfala tipo bolinha cortada ao meio
2 xícaras (chá) de croutons

MODO DE PREPARO

Em uma travessa para salada arrume as folhas de alface com a rúcula. Misture o restante dos ingredientes e junte as folhas. Tempere a gosto.

RENDIMENTO 10 porções
TEMPO DE PREPARO 30 minutos

salada verão

INGREDIENTES

2 pés de alface lisa fatiados
2 pés de alface roxa fatiados
1 pacote de batata palha
1 xícara (chá) de bacon frito escorrido
2 xícaras (chá) de tomate seco picado escorrido
2 xícaras (chá) de queijo branco picado em cubos pequenos

MODO DE PREPARO

Em uma bacia grande misture todos os ingredientes. Passe para uma saladeira e sirva.

RENDIMENTO 10 porções
TEMPO DE PREPARO 45 minutos

ARROZ

arroz de cenoura com ervilha

INGREDIENTES
4 colheres (sopa) de azeite
1 cebola média picada
2 cenouras grandes raladas
2 xícaras (chá) de ervilhas frescas cozidas
4 xícaras (chá) de arroz
2 envelopes de caldo de legumes em pó
sal a gosto

MODO DE PREPARO
Aqueça o azeite em uma panela, junte a cebola e frite até ficar transparente. Adicione a cenoura, a ervilha e o arroz. Misture e acrescente 4 xícaras (chá) de água fervendo, o caldo de legumes e acerte com o sal. Cozinhe até que o arroz esteja macio.

DICA Substitua a cenoura por champignon fatiado.
RENDIMENTO 10 porções
TEMPO DE PREPARO 25 minutos

arroz branco com salsa e água de coco

INGREDIENTES
3 colheres (sopa) de óleo
meia cebola picada
2 dentes de alho picados
4 xícaras (chá) de arroz branco
4 xícaras (chá) de água de coco
sal a gosto
meia xícara (chá) de salsa picada

MODO DE PREPARO
Em uma panela aqueça o óleo, junte a cebola e o alho. Frite até dourar. Adicione o arroz mexendo por 3 minutos. Despeje a água de coco quente, tempere com o sal e misture bem. Tampe a panela, cozinhe em fogo baixo até que a água seque e o arroz esteja macio.

DICA Substitua a salsa por cebola queimada.
RENDIMENTO 10 porções
TEMPO DE PREPARO 25 minutos

arroz de carreteiro

INGREDIENTES
4 xícaras (chá) de carne-seca sem gordura cortada em cubos médios
1 xícara (chá) de bacon picado em cubos pequenos
2 cebolas médias cortadas em rodelas
2 dentes de alho picados
4 xícaras (chá) de arroz
sal a gosto
meia xícara (chá) de cheiro-verde picado

MODO DE PREPARO
Coloque em uma panela com água a carne-seca e ferva até que esteja macia. Reserve. Em uma panela de ferro, frite o toucinho. Adicione as cebolas, o alho e frite até que a cebola esteja transparente. Junte o arroz e a carne reservada, 5 xícaras (chá) de água fervendo e acerte o sal. Mexa bem e cozinhe com a panela semitampada até que o arroz fique macio. Acrescente o cheiro-verde.

RENDIMENTO 10 porções
TEMPO DE PREPARO 30 minutos

arroz de churrasco

INGREDIENTES
8 xícaras (chá) de arroz branco cozido
4 colheres (sopa) de salsinha picada
1 xícara (chá) de bacon frito e escorrido
3 ovos mexidos
1 pacote de batata palha
sal a gosto

MODO DE PREPARO
Misture em uma vasilha grande todos os ingredientes.

RENDIMENTO 10 porções
TEMPO DE PREPARO 30 minutos

FAROFAS

farofa de banana-da-terra

INGREDIENTES
meia xícara (chá) de manteiga sem sal
meia xícara (chá) de azeite
2 cebolas cortadas em meia-lua
5 bananas-da-terra cortadas em rodelas
meia colher (chá) de cominho em pó
sal a gosto
4 xícaras (chá) de farinha de mandioca torrada
2 colheres (sopa) de cebolinha
2 colheres (sopa) de coentro picado

MODO DE PREPARO
Em uma panela, aqueça a manteiga e o azeite. Acrescente a cebola e frite até dourar. Junte a banana, o cominho e frite sem desmanchar a banana. Acerte o sal. Adicione a farinha, a cebolinha e o coentro. Incorpore bem a farinha com a banana. Esta é uma receita que normalmente pode ser servida quente ou fria. Mas, quando a receita leva banana, o ideal é servi-la quente. Portanto, calcule a hora de servir.

RENDIMENTO 10 porções
TEMPO DE PREPARO 20 minutos

farofa de linguiça

INGREDIENTES
1 xícara (chá) de manteiga sem sal
2 cebolas médias picadas
1 talo de salsão picado
3 xícaras (chá) de linguiça calabresa moída
sal a gosto
4 xícaras (chá) de farinha de biju
meia xícara (chá) de salsinha picada

MODO DE PREPARO
Derreta a manteiga em uma panela funda. Acrescente a cebola e frite até que doure. Junte o salsão e a linguiça, refogue até que a linguiça esteja cozida e dourada. Acerte o sal e misture a farinha de biju, ainda na panela, mexa por cinco minutos. Passe para uma travessa, polvilhe a salsinha. Mas se precisar reserve e aqueça novamente em fogo médio.

RENDIMENTO 10 porções
TEMPO DE PREPARO 20 minutos

farofa mineira

INGREDIENTES
3 colheres (sopa) manteiga sem sal
meia xícara (chá) de bacon picado em cubos pequenos
3 dentes de alho fatiados
1 lata de milho escorrida
1 pimenta dedo-de-moça sem semente picada
6 xícaras (chá) de couve fatiada fina
4 xícaras (chá) de farofa pronta

MODO DE PREPARO
Coloque a manteiga em uma panela e derreta. Junte o bacon e frite. Acrescente o alho e doure. Adicione o milho, a pimenta e a couve, refogue até que a couve esteja murcha. Na mesma panela coloque a farofa e misture bem. Sirva quente ou fria.

DICA Se preferir coloque castanha-de-caju triturada.
RENDIMENTO 10 porções
TEMPO DE PREPARO 40 minutos

farofa de carne-seca com dendê

INGREDIENTES
1/3 de xícara (chá) de azeite de dendê
2 cebolas picadas
3 xícaras (chá) de carne-seca desfiada
1 xícara (chá) de polpa de tomate
sal a gosto
4 xícaras (chá) farinha de milho em flocos amarela
1 xícara (chá) de ceboullete

MODO DE PREPARO
Em uma panela coloque o azeite de dendê e aqueça. Junte a cebola e frite. Adicione a carne-seca, frite por mais dez minutos. Acrescente a polpa e acerte com o sal. Envolva com a farinha de milho e a cebollete. Sirva com picanha.

DICA Se preferir coloque pimenta dedo-de-moça sem semente picada.
RENDIMENTO 10 porções
TEMPO DE PREPARO 45 minutos

ACOMPANHAMENTOS

maionese de legumes

INGREDIENTES
3 cenouras grandes em cubos pequenos, cozidas
3 batatas grandes cortadas em cubos, cozidas
3 xícaras (chá) de vagem cozida
2 xícaras (chá) de ervilhas congeladas
1 cebola roxa picada
4 colheres (sopa) de azeite
sal a gosto
3 xícaras (chá) de maionese
3 colheres (sopa) de salsinha

MODO DE PREPARO
Coloque os ingredientes em uma travessa grande. Misture os legumes, a cebola, o azeite e o sal. Adicione a maionese e misture bem. Polvilhe a salsinha e leve à geladeira para gelar.

RENDIMENTO 10 porções
TEMPO DE PREPARO 50 minutos

legumes grelhados

INGREDIENTES
2 cebolas grandes
2 tomates grandes
2 abobrinhas médias
2 berinjelas pequenas
azeite a gosto
sal a gosto
pimenta-do-reino a gosto

MODO DE PREPARO
Corte as cebolas e os tomates em rodelas grossas. Reserve. Corte as abobrinhas e as berinjelas em fatias finas no sentido do comprimento. Leve os legumes à churrasqueira, em uma grelha, em braseiro forte. Retire quando estiverem macios. Tempere com o azeite, sal e pimenta-do-reino.

RENDIMENTO 10 porções
TEMPO DE PREPARO 40 minutos

robata de abobrinha grelhada

INGREDIENTES
3 dentes de alho picados
meia xícara (chá) de azeite
sal a gosto
3 abobrinhas cortadas em rodelas médias
1 bandeja de tomate cereja
2 xícaras (chá) de minicebola
palitos para churrasco ou grissini

MODO DE PREPARO
Misture em um recipiente o alho, o azeite e o sal. Coloque as fatias de abobrinha no mesmo recipiente e deixe marinar por 20 minutos. Leve à churrasqueira e grelhe dos dois lados. Monte nos palitos intercalando o restante dos ingredientes com as fatias de abobrinha.

DICA Substitua a abobrinha por berinjela.
RENDIMENTO 10 porções
TEMPO DE PREPARO 40 minutos

MOLHOS

vinagrete diferente

INGREDIENTES
2 xícaras (chá) de azeite
2 xícaras (chá) de vinagre
sal a gosto
2 tomates grandes sem sementes, picados
1 cebola grande picada
4 colheres (sopa) de salsinha picada
2 dentes de alho picados
meia xícara (chá) de champignon picado

MODO DE PREPARO
Em uma vasilha funda, misture com um batedor de arame o azeite, o vinagre e o sal. Junte o restante dos ingredientes, mexendo bem.

RENDIMENTO 10 porções
TEMPO DE PREPARO 30 minutos

molho chimichurri

INGREDIENTES
1 maço de tomilho desfolhado
1 maço de alecrim desfolhado
1 maço de manjericão desfolhado
1 maço grande de salsinha picado
1 xícara (chá) de orégano
2 colheres (sopa) de pimenta calabresa
2 colheres (sopa) de alho picado
suco de 3 limões
sal a gosto
azeite para cobrir

MODO DE PREPARO
Em uma tigela, misture o tomilho, o alecrim, o manjericão, a salsinha, o orégano, a pimenta calabresa e o alho. Tempere com o limão e o sal. Cubra esta mistura com o azeite deixando um dedo de borda. Deixe tomar gosto por 2 horas.

RENDIMENTO 10 porções
TEMPO DE PREPARO 2 horas e 30 minutos

molho de hortelã

INGREDIENTES
1 maço médio de hortelã picada
3 colheres (sopa) de suco de limão
1 xícara (chá) de iogurte desnatado
de consistência firme
3 colheres (sopa) de queijo cottage
sal a gosto
meia xícara (chá) de azeite de oliva
pimenta-do-reino a gosto

MODO DE PREPARO
Bata no liquidificador por 2 minutos a hortelã, o suco de limão, o iogurte, o queijo cottage e o sal. Sem parar de bater, despeje o azeite, aos poucos. Continue a bater por mais 1 minuto, até ficar cremoso. Tempere com a pimenta-do-reino.

RENDIMENTO 10 porções
TEMPO DE PREPARO 20 minutos

molho de manjericão

INGREDIENTES
1 maço de manjericão (só as folhas)
1 xícara (chá) de azeite
3 dentes de alho fatiados e fritos

MODO DE PREPARO
Bata no liquidificador o manjericão e o azeite até ficar homogêneo. Transfira para uma molheira e polvilhe com o alho frito.

RENDIMENTO 10 porções
TEMPO DE PREPARO 15 minutos

chutney de tomate verde

INGREDIENTES
1/3 de xícara (chá) de azeite
1,5 kg de tomates verdes
sem pele e sem sementes
3 maçãs vermelhas médias sem casca picadas
2 xícaras (chá) de açúcar
1 colher (sopa) de mostarda em pó
2 colheres (sopa) de molho de pimenta
2 xícaras e meia (chá) de vinagre de vinho branco
2 colheres (sopa) de sal
pimenta-do-reino a gosto

MODO DE PREPARO
Coloque em uma panela o azeite, os tomates cortados em gomos, as maçãs, o açúcar, a mostarda em pó, o molho de pimenta, o vinagre, o sal e a pimenta-do-reino. Leve ao fogo médio por 15 minutos ou até ferver. Abaixe o fogo e cozinhe, mexendo de vez em quando por 1 hora ou até obter um molho dourado e espesso. Retire do fogo, deixe amornar e guarde na geladeira.

DICA Substitua o tomate por pimentão vermelho.
RENDIMENTO 10 porções
TEMPO DE PREPARO 2 horas

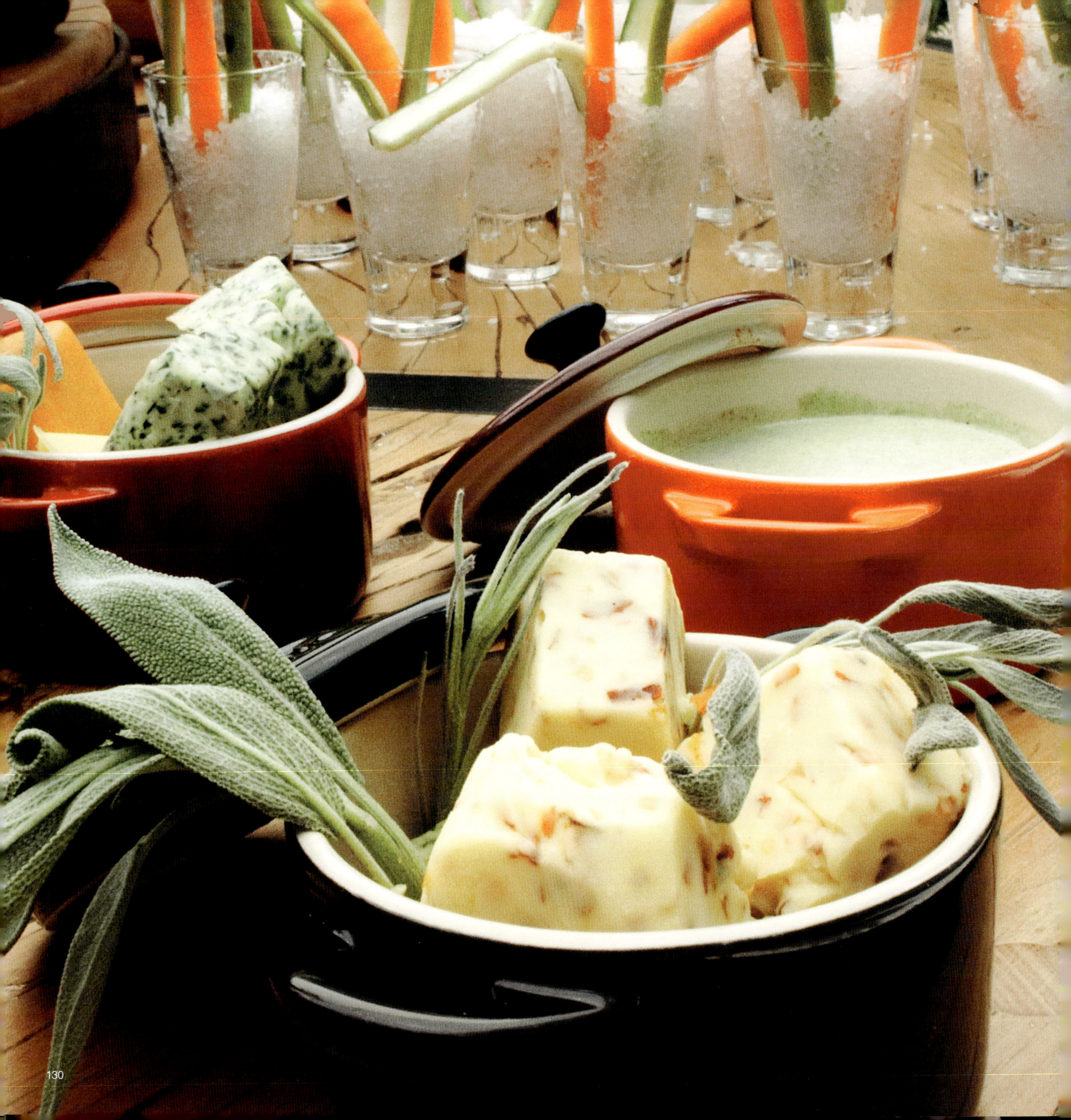

manteiga temperada com ervas frescas

INGREDIENTES
1 tablete de manteiga com sal em temperatura ambiente (200 g)
2 colheres (sopa) de salsa picada
2 colheres (sopa) de sálvia picada
2 colheres (sopa) de manjericão

MODO DE PREPARO
Misture bem todos os ingredientes. Coloque em forminhas de gelo e leve para gelar até endurecer. Sirva sobre a carne.

RENDIMENTO 10 porções
TEMPO DE PREPARO 50 minutos

manteiga temperada com páprica picante

INGREDIENTES
1 tablete de manteiga com sal em temperatura ambiente (200 g)
2 colheres (sopa) de páprica picante

MODO DE PREPARO
Misture bem os ingredientes. Coloque em forminhas de gelo e leve para gelar até endurecer. Sirva sobre a carne.

RENDIMENTO 10 porções
TEMPO DE PREPARO 50 minutos

manteiga temperada com pimenta calabresa

INGREDIENTES
1 tablete de manteiga com sal em temperatura ambiente (200 g)
2 colheres (sopa) de pimenta calabresa

MODO DE PREPARO
Misture bem os ingredientes. Coloque em forminhas de gelo e leve para gelar até endurecer. Sirva sobre a carne.

RENDIMENTO 10 porções
TEMPO DE PREPARO 50 minutos

manteiga temperada com raspas de limão

INGREDIENTES
1 tablete de manteiga com sal em temperatura ambiente (200 g)
3 colheres (sopa) de raspas de casca de limão

MODO DE PREPARO
Misture bem os ingredientes. Coloque em forminhas de gelo e leve para gelar até endurecer. Sirva sobre a carne.

RENDIMENTO 10 porções
TEMPO DE PREPARO 50 minutos

MARINADAS

marinada de mostarda

INGREDIENTES
3 colheres (sopa) de mostarda
1 xícara (chá) de vinho tinto seco
2 colheres (sopa) de pasta de alho
1 cebola média picada
2 colheres (sopa) de salsa picada
sal e pimenta-do-reino a gosto

MODO DE PREPARO
Misture todos os ingredientes em um refratário e tempere a carne.
Cubra com filme plástico e leve à geladeira por 4 horas,
virando de vez em quando e regando com o tempero.

RENDIMENTO 10 porções
TEMPO DE PREPARO 4 horas e 15 minutos

marinada de cerveja

INGREDIENTES
1 xícara (chá) de cerveja
1/3 xícara (chá) de vinho branco seco
meia xícara (chá) de molho inglês
2 dentes de alho amassados
1 cebola média picada
2 folhas de louro
sal e pimenta-do-reino a gosto

MODO DE PREPARO
Misture todos os ingredientes em um refratário e tempere a carne. Cubra com filme plástico e leve à geladeira por 4 horas, virando de vez em quando e regando com o tempero.

RENDIMENTO 10 porções
TEMPO DE PREPARO 4 horas e 15 minutos

marinada de laranja

INGREDIENTES
1 xícara (chá) de suco de laranja
1/3 de xícara (chá) de vinagre
1 cebola média ralada
2 folhas de louro
sal e pimenta-do-reino a gosto

MODO DE PREPARO
Misture todos os ingredientes em um refratário e tempere a carne. Cubra com filme plástico e leve à geladeira por 4 horas, virando de vez em quando e regando com o tempero.

RENDIMENTO 10 porções
TEMPO DE PREPARO 4 horas e 15 minutos

marinada de abacaxi

INGREDIENTES
1 xícara (chá) de suco de abacaxi
1/3 xícara (chá) de vinagre
3 dentes de alho picados
1 cebola média ralada
1 colher (sopa) de páprica picante
sal e pimenta-do-reino a gosto

MODO DE PREPARO
Misture todos os ingredientes em um refratário e tempere a carne.
Cubra com filme plástico e leve à geladeira por 4 horas,
virando de vez em quando e regando com o tempero.

RENDIMENTO 10 porções
TEMPO DE PREPARO 4 horas e 15 minutos

A HISTÓRIA DO CHURRASCO

BOAS HISTÓRIAS FAZEM PARTE DO RITUAL DE UM CHURRASCO ENTRE AMIGOS. AINDA MELHOR SE O PAPO FOR SOBRE COMIDA, ASSUNTO CAPAZ DE AGREGAR OS MAIS VARIADOS GOSTOS, CRIANDO UM CLIMA AMISTOSO. PARA FALAR DO MEU ASSUNTO PREFERIDO, CONVIDEI UM AMIGO MUITO BOM EM CONTAR HISTÓRIAS: O HISTORIADOR RICARDO MARANHÃO, QUE SABE ENFRENTAR, MELHOR QUE QUALQUER UM, AS HORAS DE PESQUISA COM O MESMO PRAZER COM QUE APROVEITA OS DELICIOSOS MOMENTOS DE UM CHURRASCO.

RIO-GRANDENSES APRECIAM UM BOM CHIMARRÃO E CHURRASCO

MAPA ANTIGO DO BRASIL: AUSÊNCIA DE DIVISÃO FISIOGRÁFICA ENTRE BRASIL, ARGENTINA E URUGUAI

CAÇADA DE BOI,

DE HERRMANN WENDROTH

DO CHÃO DO ÍNDIO ÀS GRELHAS DO MUNDO

Em restaurantes de Nova York, Chicago, Tóquio e São Paulo, o churrasco é hoje apresentado com o requinte da sofisticação e do luxo. A apresentação das casas onde se consomem esses assados chega a ser férrica, e os seus acompanhamentos são de uma variedade que vai do Oriente ao Ocidente. Os churrasqueiros hoje são "exportados", seja do Rio Grande do Sul para São Paulo, seja de São Paulo para alguma metrópole internacional. Os cortes de carne e as técnicas de assar são elaboradíssimas, e temos até corte de bisteca patenteado e registrado em cartório.

O churrasco, entretanto, é muito antigo, muito simples na sua origem. Já não falamos das carnes assadas em fogueiras naturais dos hominídeos do Paleolítico Superior, cujos vestígios fazem a alegria dos arqueólogos, pois sabe-se muito pouco sobre elas. Nem estamos falando das diversas formas de assar carne, hábito universal ao longo de toda a história da humanidade, que produziram nas comunidades primitivas o hábito de sentar-se em volta da fogueira para comer, originando-se dali formas superiores de sociabilidade. Falamos mesmo é do jeito que os ameríndios da região platina, do século XVI em diante, preparavam a carne de boi ou vaca (pois é disso que se tratava quando a palavra churrasco começou a ser usada) "assada ligeiramente sobre brasas".

Claro que muita gente prefere chamar de churrasco as carnes assadas de cordeiro, cabrito ou porco. Mas nós ficamos com a ideia do estudioso gaúcho Carlos Castillo, segundo o qual churrasco é de carne bovina, e para ter esse nome "precisa ser enfiada no espeto".

Falaremos de muitos outros tipos, mas o ponto de partida desta breve história é a carne tratada em espetos de pau pelos chamados "gaúchos" dos pampas sulinos.

GAÚCHO OU ARGENTINO?

Orgulhosos por natureza, os portenhos gostam de dizer que o churrasco é uma invenção de sua lavra; chegam a dizer, como Raul Mirad em seu "Manual del Asador Argentino", que "todo argentino leva em sua bagagem de genes, indissoluvelmente unidos em uma identificação telúrica, os genes correspondentes ao Futebol, ao Tango e ao Churrasco." Nem vou entrar no fanatismo patriótico-desportivo que inflama os dois vizinhos sul-americanos (nem numa disputa entre Maradona e Pelé...) nem discutir a origem do tango (hoje afirmada franco-brasileira por alguns estudiosos). Mas, como historiador, vejo-me na contingência de ir atrás de velhas narrativas e de misteriosos alfarrábios para resolver o dilema: o churrasco nasceu brasileiro ou argentino?

Um velho jesuíta italiano, Cayetano Cattaneo, esteve na Argentina no começo do século XVIII. Entre suas perplexidades, assinalou a maneira como viu os gaudérios (gaúchos, mestiços de índios) comerem: "não é menos curioso o modo que têm de comer a carne. Matam uma vaca e enquanto uns a degolam, outros lhe esfolam o couro e outros a picam em quartos (...) Em seguida, acendem uma fogueira e com paus fazem espetos, em que enfiam três ou quatro pedaços de carne (...) Em seguida cravam os espetos na terra ao redor do fogo, inclinados em direção à chama e se sentam em roda. Em menos de um quarto de hora, quando a carne está apenas tostada, a devoram, mesmo estando dura e escorrendo sangue..."

A narrativa do padre, uma das mais antigas a registrar o churrasco (do tipo "fogo de chão"), podia dar a primazia churrasqueira aos argentinos, assim como a memória de Calixto Bustamante Carlos Inca, peruano e cronista setecentista que anotou sobre sua viagem de Buenos Aires a Lima ao falar dos "gaúchos": "muitas vezes se juntam deles quatro, cinco ou mais, com o pretexto de ir ao campo divertir-se, não levando nada mais para sua manutenção do que o laço, a boleadeira e uma faca. Combinam de comer a picanha de uma vaca ou novilho; o laçam, derrubam e lhe tiram o couro e, fazendo-lhe cortes pelo lado da carne, a assam mal e meio crua, e a comem sem mais enfeite que um pouco de sal, se por contingência o levam".

O LADO BRASILEIRO

Do lado brasileiro, é o nosso visitante francês tão marcante, Auguste de Saint-Hilaire, que comenta, em 1821, ao passar pelo Rio Grande do Sul: "Logo chegado ao lugar onde pousei, meu soldado fez uma grande fogueira; cortou a carne em compridos pedaços da espessura de um dedo; fez ponta em uma vara de cerca de 2 pés

CARNEAÇÃO DE BOI PELOS VAQUEIROS DO INÍCIO DO SÉC. XIX, EM GRAVURA DO ARTISTA FRANCÊS JEAN-BAPTISTE DEBRET

de comprimento e enfiou-a como espeto em um dos pedaços de carne, atravessando-a por outro pedaço de pau; enfiou o espeto obliquamente no solo expondo ao fogo um dos lados da carne e, quando o julgou suficientemente assado, expôs o outro lado. Ao fim de um quarto de hora esse assado podia ser comido, parecendo uma espécie de beef steak suculento, porém de extrema dureza."

Estas três narrativas históricas apresentam, de maneira indiscutível, uma narração muito precisa de como se faz o tradicional "churrasco gaúcho", economizando o trabalho do narrador/historiador. Se vamos mais fundo na pesquisa, encontramos uma solução objetiva para o dilema das origens: os historiadores argentinos e brasileiros hoje já não têm mais dúvida de que o gado bovino entrou no Brasil através de São Vicente, para onde o trouxe Martim Afonso em 1532; e que o primeiro registro desse gado em território platino de fala hispânica é de 1556, quando Juan Salazar y Espinosa e os irmãos Góes trouxeram de São Vicente para Assunção um touro e sete vacas.

O ENTUSIASMO DOS ÍNDIOS

Os bois e as vacas, juntamente com alguns cavalos trazidos na mesma época, rapidamente se espalharam pelos campos platinos. Os índios, que não os conheciam antes, ficaram entusiasmadíssimos com esses grandes animais. Como diz Simões Lopes Neto: "Foram os índios os primeiros a aproveitarem-se dos méritos dos novos animais, mudando completamente o seu modo de viver: o indígena fez-se carnívoro por necessidade e cavaleiro por imitação".

Diversas nações indígenas habitavam os campos do Pampa ou migraram para eles ao perceber as vantagens dessa terra, rica em gramíneas e até mesmo em jazidas aflorantes de sal-gema para o gado lamber: caaguaras, guaianás, tabacanguaras, tapes e as nações mbaias, principalmente, os charruas, os minuanos e os notáveis guerreiros/cavaleiros guaicurus e gauais. Boa parte das tribos se sentiu atraída pela preação de gado, principalmente depois que a destruição das missões jesuíticas deixou espalhadas e soltas dezenas de milhares de cabeças pelos chamados Campos de Vacaria e suas adjacências.

141

Só que as terras dessa região ou os campos vizinhos da mesma fisiografia se estendem por territórios que hoje pertencem ao Brasil, à Argentina, ao Uruguai e até ao Paraguai, e, portanto, como essas fronteiras não existiam no início de nossa história, a discussão sobre se o churrasco era argentino ou brasileiro se torna ociosa...

BOLEADEIRA

Os primeiros rio-grandenses eram mesmo de origem indígena, não só pela mestiçagem, mas principalmente pelos hábitos de vida meio nômades e por costumes que herdaram dos primeiros brasileiros. Ora, entre os usos mais marcantes desses povos estava o da boleadeira, a arma básica e instrumento de trabalho dos primeiros gaúchos. Encontrado em vestígios arqueológicos muito antigos, esse instrumento era usado principalmente pelos "charruas" pré-históricos: nas caçadas, eles jogavam as bolas presas em tiras de couro nas pernas dos animais maiores, como as antas. Depois que os índios conheceram bois e vacas, descobriram que podiam preá-los com o uso da mesma boleadeira. Quando viram sua eficiência, todos os vaqueiros e preadores a adotaram.

CRIAÇÃO DE GADO DO NORDESTE

Entretanto, foi no Nordeste brasileiro que a criação de gado alcançou pela primeira vez grande expressão econômica. Inicialmente feita no litoral para abastecer os engenhos de açúcar, logo a pecuária ficou sem espaço pelo próprio crescimento das plantações de cana.

O gado, levado pelos vaqueiros, ganhou o agreste e o sertão. Trata-se de um período de mais ou menos 150 anos (do começo do século XVII até meados do século XVIII), em que o sertão nordestino, da Bahia até o Maranhão, foi devassado e ocupado pelas fazendas de criação bovina.

Normalmente, os currais de gado se estabeleciam seguindo o curso dos rios, dada a necessidade de água para as reses, e eram chamados "ribeiras". Por outro lado, a descoberta de salinas em Alagoas e no Ceará e dos barreiros salgados do São Francisco possibilitou também a penetração da pecuária. A rica zona litorânea dos engenhos era abastecida por essas extensas fazendas sertanejas: além da carne salgada como alimento, elas lhe forneciam o meio de transporte mais importante para o açúcar e a cana: o carro de boi.

A descoberta e a rápida expansão da mineração de ouro em Minas Gerais no início do século XVIII trouxeram muito mais demanda para o gado. As cidades mineiras, brotando do solo como capim e agregando milhares de pessoas, precisavam de muita carne, muito couro e muita força de tração animal.

Essas prementes necessidades levaram os mineradores a recorrer ao gado nordestino. Isso gerou sensível alta de preços da carne bovina, incentivando os criadores a expandir ainda mais as suas atividades. O cronista da época André Antonil, em sua obra "Cultura e Opulência do Brasil por suas Drogas e Minas", assinala, no começo do século XVIII, a presença de 1.300.000 cabeças, distribuídas nos sertões da Bahia (500.000) e Pernambuco (800.000). Ele também afirma que os currais da época variavam entre 200 e 1.000 reses cada um, estimando ainda em perto de 55.000 cabeças o abate anual de gado na colônia. A figura do vaqueiro, com suas roupas de couro, tornou-se corriqueira no meio da vegetação sertaneja.

Estes dados nos ajudam a verificar que, perto de um século após o início da penetração do boi nos sertões nordestinos, a pecuária já alcançava índices apreciáveis de desenvolvimento. Ali, a salga da carne levou a uma atividade decisiva para a formação da culinária nordestina e brasileira, produzindo artigos decisivos: a "carne de sol", também chamada "carne de vento" ou "carne do sereno", e a "carne-seca" ou "jabá", mais salgada e duradoura. Já em 1610, na Bahia, o viajante Pyrard de Laval elogiava e descrevia minuciosamente processo de preparação: "É impossível terem-se carnes mais gordas, mais tenras e de melhor sabor [...] Salgam as carnes, cortam-nas em pedaços bastante largos, mas pouco espessos. [...] Quando estão bem salgadas, tiram-nas sem lavar, pondo-as a secar ao sol; quando bem secas, podem conservar-se por muito tempo..." Os nordestinos passaram a comer esse artigo como centro de sua refeição: assada ou cozida, a carne de sol era tão apreciada e preferida que não se estabeleceu naquela região o churrasco de carne fresca como hábito

CHARQUEADA EM PELOTAS, DE DEBRET

cotidiano. O Ceará chegou a exportar 12.000 arrobas anuais de carne de sol pelos portos de Camocim e Acaraú. A produção no Rio Grande do Norte continuou beneficiada pela proximidade das grandes salinas litorâneas como as de Mossoró. E o Rio São Francisco, que liga o Nordeste a Minas, graças à alimentação bovina proporcionada pelos barreiros salgados de suas margens, hospedou tantas fazendas que chegou a ser chamado "Rio dos Currais".

Entretanto, no último quartel do século XVIII, o crescimento da demanda chocou-se com a dificuldade de expansão da oferta de gado no sertão nordestino: secas prolongadas, vegetação magra da caatinga e os gados já não davam conta. Logo, os pecuaristas, entre eles um cearense esperto de Aracati chamado José Pinto Martins, perceberam que lá no Rio Grande do Sul algumas dezenas de milhões de cabeças de gado selvagem esperavam por criadores. E foram para lá, junto com muitas outras gentes.

ESTABELECIMENTO DA PECUÁRIA SULINA

Desde as últimas décadas do século XVII, os portugueses, os luso-brasileiros e, principalmente, os paulistas começaram a se estabelecer nas regiões meridionais do Brasil. A meta era capturar os grandes rebanhos de gado solto e, como os índios, aproveitar o seu couro.

O comércio e o artesanato de couro foram atividades econômicas essenciais dos primeiros tempos do Rio Grande do Sul. Usava-se couro para muita coisa: fazer roupas, mesas, cadeiras, selas e arreios, embalagens para transporte de fumo e gêneros, sacolas, embornais etc. Grande parte do produto era exportado para outras capitanias, até mesmo para Portugal. A carne não tinha ainda valor comercial e, por isso, depois de preados os bois e tirado o couro, seus pedaços eram distribuídos por todos os peões.

Os primeiros vaqueiros, até meados do século XVIII, levavam uma vida nômade. Frequentemente, eram também recrutados para lutar contra outros colonos (às vezes, espanhóis; às vezes, portenhos), entre os grupos que tentavam tomar conta de um território cujas fronteiras até o século XIX eram muito indefinidas. Assim, as comunidades de criação de gado assumiam, muitas vezes, a feição de "núcleos de guerreiros pilhadores de gado", ou melhor, "saqueadores de gado militarizados". Isto deu aos primeiros tempos da formação sulina um caráter extremamente peculiar.

GAÚCHOS E ESTANCIEIROS

Além disso, quando a colonização começou a ser ordenada pelo Governo Português, existia, em algumas áreas do Rio Grande, certo descaso pela apropriação da terra, dado o caráter escassamente comercial da criação. Encontravam-se comumente rebanhos sem nenhuma delimitação de área de pasto, tangidos ao acaso pelos peões, tipos normalmente de origem mestiça, que raramente constituíam família ou se fixavam em algum ponto, ciosos de sua liberdade. A carne abundante para todos era a marca de uma sociedade de pouca hierarquização, com poucos escravos, colorida por valores guerreiros de coragem e pelo gosto das correrias nos imensos capinzais da campanha.

Só a partir de 1780 é que a carne do Sul passou a ter valor de mercado. Nesse ano, foi instalado o primeiro núcleo produtor de carne-seca, por José Pinto Martins. Logo, o jabá passou a ser chamado pela palavra quíchua "charque", e a instalação das charqueadas levou à organização das estâncias grandes propriedades com uma produção em larga escala da carne salgada, com trabalho escravo.

A partir daí, em núcleos com Pelotas ou Porto Alegre, surgiu uma elite mais rica de estancieiros, que se tornaram a classe dirigente depois da Independência e ao longo do século XIX. Desenvolveu-se uma vida urbana e a elite do Sul também adquiriu valores mais sofisticados de origem europeia, dominantes na aristocracia do Império brasileiro.

Essa elite, proprietária de terras e escravos, fez questão de diferenciar-se dos homens comuns do campo. Os citadinos, quando usavam os termos "gaúcho" ou "gaudério" para designar esse atores de uma vida meio aventuresca, mas de muito trabalho com o gado, o faziam de maneira pejorativa. Estas palavras lembravam nomes de grupos indígenas em extinção e, durante muito tempo, foram usadas nas cidades como sinônimo de "vagabundo". É claro que isso não impediu

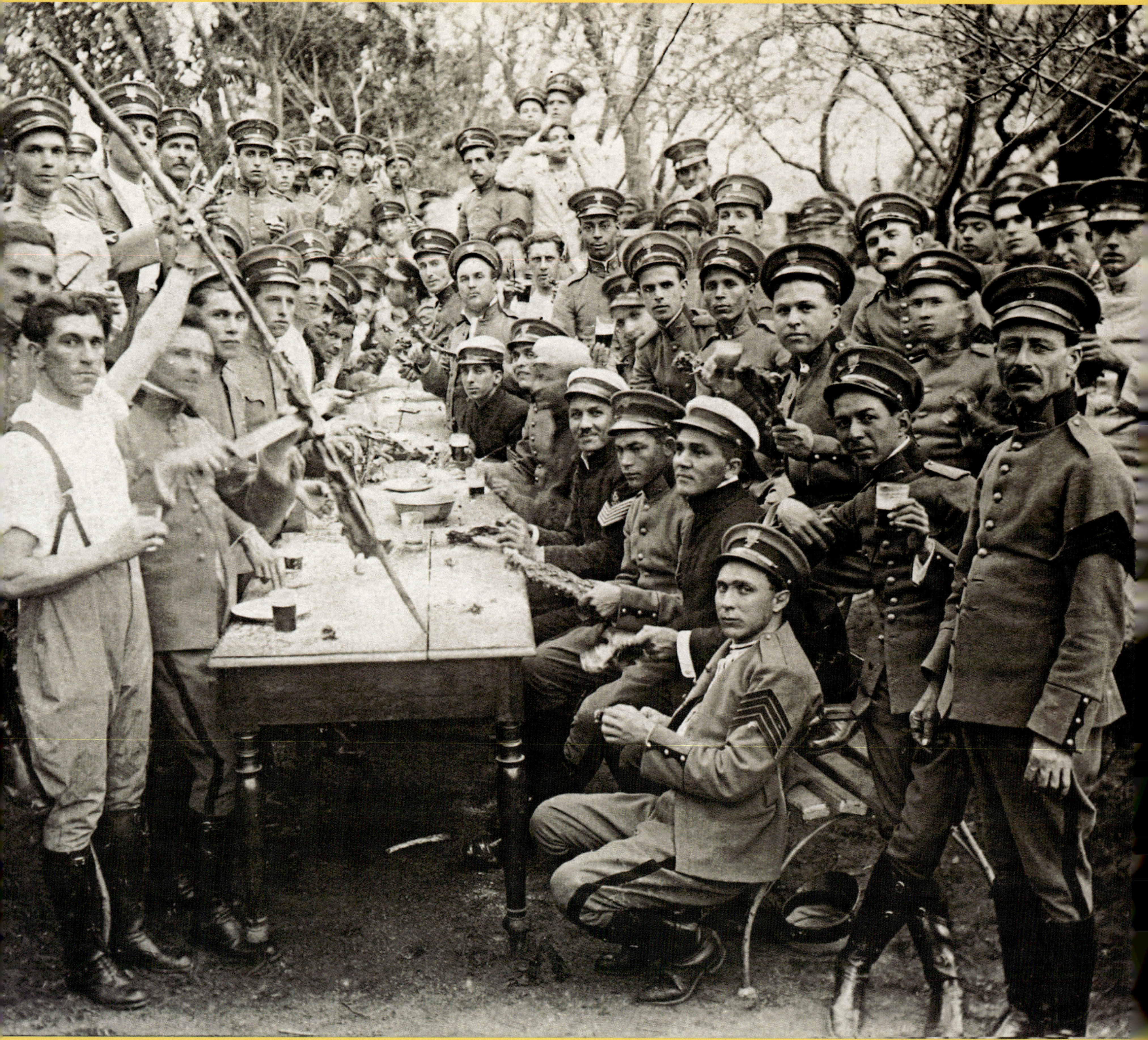

CHURRASCO OFERECIDO PELOS SARGENTOS DA BM AOS DO CONTRA TORPEDEIRO. ALAGOAS, EM 1922.

CAVALARIA DOS ÍNDIOS GUAICURUS, DE DEBRET

que os membros da elite comessem um bom churrasco ou tomassem um bom chimarrão à beira do fogo quando iam ao campo.

"CHURRASCO" – QUEM ESCREVEU PRIMEIRO?

Como a elite tentava não dar muita importância para os vaqueiros e seu modo de vida, a palavra Churrasco não aparece em narrativas escritas antes de 1858. Os documentos que falam sobre esse preparo, como os que citamos no início deste texto, contam a forma de fazer, mas não usam essa palavra.

Antônio Álvares Pereira Coruja, em sua coleção de vocábulos e frases usados no Rio Grande do Sul, descreveu a palavra churrasco, em 1858, como pedaço de carne assada ligeiramente sobre brasas. Depois, José Antônio do Valle registrou churrasco como carne preparada sem prejuízo do couro, em cujas partes se aplica o uso do fogo.

O grande estudioso do assunto, Carlos Castillo, diz que o radical da palavra, Churra, vem da língua quíchua dos índios do sul da Bolívia que migraram para o Pampa. Em seu livro "O Rio Grande em Receitas", (Editora RBS, 2005), ele afirma que só depois de 1900 o churrasco no espeto é citado por escrito com alguma frequência.

Entretanto, há uma exceção anterior, no livro "O Cozinheiro Nacional", publicado no Rio de Janeiro, pela Editora Garnier, por volta de 1870. Ali, já existe uma receita de churrasco à moda do Sertão, "carne no espeto, ao sal, exposta ao fogo ardente, ficando a carne, apesar de bem tostada por fora, por dentro levemente cozida com um pouco de sangue ainda..."

Ocorre que a receita descrita pelo autor do "Cozinheiro Nacional" é aquela em que se prevê um antigo "churrasco com couro": a carne vem com um pedaço de couro que é mantido próximo à brasa, no início do assado. O couro costuma encolher sob a ação do calor e depois que ele estiver sapecado é que se volta a outra face ao calor do braseiro. A carne pode ser, inclusive, dessa forma, conservada para ser degustada alguns dias depois.

DO "GAÚCHO" AO CHURRASCO URBANO

A Revolução Farroupilha de 1835 é um acontecimento fundamental na afirmação da identidade dos gaúchos e, por isso mesmo, não podia faltar hoje em Porto Alegre uma churrascaria com o nome de "35", acompanhada do subtítulo "Roda de Carreta".

Entretanto, nessa Revolução não existia "gaúcho" – todas as narrativas, todos os discursos políticos farroupilhas falam sempre em "rio-grandenses". Na verdade, a valorização do "gaúcho", sobrepondo-se aos antigos preconceitos da elite, se deu por causa da vitória rio-grandense na Revolução de 1930. Naquele 3 de outubro de 1930, quando os gaúchos tomaram o poder no Rio de Janeiro, liderados por Getúlio Vargas, aconteceu um fato simbólico importantíssimo: os revolucionários do Sul amarraram seus cavalos num obelisco do centro do Rio, junto ao palácio do governo.

"Amarrar cavalo no obelisco" é uma atitude rude e irônica, típica "de gaúcho", desses guerreiros que subiram do Sul combatendo sob a liderança de Vargas. Não é uma atitude da elite liberal e citadina. Isso deu um outro colorido à vitória de 1930 sobre a velha oligarquia cafeeira, pois valorizou a figura do homem a cavalo, com lenço vermelho no pescoço, chapéu e bombacha, uma referência rural e popular.

A partir daí, passa a ter valor ser chamado de gaúcho. Logo depois disso, nos anos 1940, o escritor, poeta e folclorista Paixão Cortes passa a defender intensamente os hábitos antigos do Pampa e, com um grupo de correligionários, cria em 1947 o primeiro Centro de Tradições Gaúchas (CTG). Foi uma verdadeira vitória cultural do campo sobre a cidade, e os CTGs surgiram a partir daí em muitos centros urbanos. E dá-lhe danças populares como a chula, canções como o fandango e o prazer de se fazer churrasco na brasa.

Em poucos anos, o churrasco não só se difunde muito como passa a ter um significado especial na vida do Rio Grande. Como diz Maria Eunice Maciel em seu artigo clássico sobre o assunto (Porto Alegre, 1990), "o 'fazer um churrasco' obedece códigos, normas e comportamentos previstos, aceitos e reconhecidos por todos, (...) como um ritual de comensalidade e partilha, (...) ou seja, uma manifestação expressiva da sociedade gaúcha".

Nas residências, muito mais gente passou a armar churrasqueiras, preparando o que acontece hoje: aos domingos, Porto Alegre é invadida pelo perfume dos assados.

Da mesma forma, desde o final dos anos 1940 e ao longo dos 1950, passaram a ser inauguradas diversas churrascarias na cidade. O Centro, nas proximidades do porto, passou a acolher casas que hoje não existem mais, como a Urca, a Guaporense, a Continental. Eram simples e serviam pouca variedade de carnes, mas com muito esmero e de acordo com as preferências do freguês.

Dentro do espírito de valorização da cultura gaúcha, algumas casas passaram logo a apresentar, nos fins de semana, música tradicional da região. A Churrasquita, na Rua Riachuelo, apresentou durante muitos anos o grupo "Mouripás", que cantava e encantava público com seus chamamés e toadas. Outras formações musicais tradicionais e grupos folclóricos de fandango e chula se apresentam, até hoje, em várias casas. A já falada 35, instalada desde 1986 na Avenida Ipiranga por seu fundador Everaldo Marchese, no mesmo prédio de madeira rústica do primeiro CTG, tem shows regulares, onde a coreografia tradicionalista inclui danças com boleadeira e até bolas de néon na antiga arma campeira.

Da mesma forma, o Galpão Crioulo, situado dentro do Parque da Harmonia, e uma série de estabelecimentos novos, como o Gaúcho Nativo, procuram atrair turistas pela fusão de churrasco com folclore.

ESPETO CORRIDO

O "espeto corrido" (chamado "rodízio" em São Paulo e criado no Paraná) chegou a Porto Alegre em 1965, na churrascaria Bom Gosto. No mesmo ano, logo depois, Walter Hoerle abriu a Laçador, na Avenida Brasil, adotando o mesmo sistema. Rapidamente, a novidade de servir grande variedade de carnes em abundante sequência tornou-se a moda dominante.

Inicialmente, a roda de alcatras, costelas, fradinhas, matambres, costelinhas de porco, cordeiro, frango e tudo o mais era acompanhada apenas da chamada "comida campeira": arroz carreteiro, feijão-tropeiro, abóbora, jiló, batata-doce etc. Mas isso rapidamente evoluiu para acompanhamentos em cada vez maior quantidade e variedade: a elegante Braseiro, na Avenida Pernambuco, oferece 29 espécies de saladas e legumes para acompanhar as suas 25 variedades de carne; a Na Brasa, na Avenida Ramiro Barcelos, dispõe mais de 30 espécies de saladas e legumes, além de uma geleia de amora para acompanhar o seu pernil de javali.

Nesse vaivém de variedades, algumas casas como o Montana Grill, localizada Avenida Beira Rio (da rede de churrascarias de propriedade da famosa dupla Chitãozinho e Xororó), resolveram oferecer também sushi, sashimi, kani kama e queijos de variadas procedências. Os tradicionalistas reclamaram e ainda preferem ir aos estabelecimentos que oferecem churrasco tradicional à la carte.

É o caso da Barranco, desde 1969 na Avenida Protásio Alves. Dirigida pelo churrasqueiro Élson Furini, o estabelecimento está num pequeno edifício térreo em meio a muitas árvores centenárias, sob as quais fica a maioria das mesas. Para manter a tradição, a casa se orgulha de servir a clássica costela, em porções generosas pedidas à la carte, além de muitas outras variedades e de cerca de 15 saladas a escolher.

Mas o sistema de rodízio é o que daria mesmo maior força para a expansão comercial das churrascarias. O exemplo maior disso é a Fogo de Chão, hoje na Avenida Cavalhada, cuja primeira casa foi fundada em Porto Alegre há 24 anos. Atualmente, além de possuir duas unidades em São Paulo, ela foi, como veremos, também responsável pelo "boom" que levou o churrasco para o mundo, com quatro estabelecimentos nos Estados Unidos. E adota, é claro, todas as variedades, novidades, sushis e tudo o mais que possa incrementar o bufê.

DO "CHURRASCO DE PAULISTA" À CHURRASCARIA DE QUALIDADE

Os gaúchos tiveram, durante muito tempo, certo desprezo pelo jeito com que se fazia churrasco em São Paulo. Na verdade, no interior do Estado, os chamados "caipiras" faziam carne de diversas maneiras, mas havia uma tradição desde os tempos coloniais de fazer a carne sempre bem-passada e bem temperada. Era comum, nas festas principais das fazendas, como os casamentos e batizados, matar-se um boi e convidar o povo todo da região; mas a carne era toda cortada em bifes e mergulhada em um molho de sal, alho, salsa e vinagre, em gran-

"AQUELA SECA MEDONHA FEZ TUDO SE TRAPAIÁ
NÃO NASCEU CAPIM NO CAMPO PARA O GADO SUSTENTA
O SERTÃO ESTURRICOU, FEZ OS AÇUDE SECA
MORREU MINHA VACA ESTRELA, JÁ ACABOU MEU BOI FUBÁ,
PERDI TUDO QUANTO TINHA, NUNCA MAIS PUDE ABOIÁ
Ê Ê Ê Ê VACA ESTRELA, Ô Ô Ô Ô BOI FUBÁ..."

des tachos. Depois, quando se colocava a carne na grelha ou em espetos, já estava meio "cozida" pelo tempo de infusão no tempero ácido.

Gaúchos ironizavam essa prática, mas ela se manteve por muito tempo, até porque os imigrantes (italianos, alemães etc.) que vieram ao interior paulista mantiveram esse jeito de fazer. Aliás, nas festas era comum grelhar-se junto à carne bovina porções de porco, pedaços de frango etc.

Isso tudo começou a mudar nos anos de 1950, na capital paulista. O "boom" de crescimento urbano-industrial da metrópole, associado à euforia das comemorações do IV Centenário da cidade, multiplicou o número de restaurantes. E, além das cantinas italianas, dos restaurantes franceses e das choperias alemãs, passaram a ser criados estabelecimentos elegantes, os chamados "Restaurante e Churrascaria".

AS PRIMEIRAS PAULISTANAS

O precursor dessa nova tendência foi o italiano Felice Ferrari (pai do hoje famoso "restaurateur" Massimo Ferrari). Entre 1949 e 1950, ele criou no centro da cidade dois estabelecimentos do gênero, já no padrão gaúcho de assar: o Pampas e a Estância. Esta última, no Largo do Arouche, manteve-se até os anos de 1970 e importava churrasqueiros diretamente de restaurantes do Sul. Mas não deixava de ser um restaurante ao gosto paulistano, servindo também bacalhau.

Da mesma época foi o Guacyara, na esquina da Avenida Rio Branco com a Ipiranga, então um "point" muito bem frequentado pela alta classe média. Ao lado de pratos de padrão internacional, como o "Frango a Diable" flambado na mesa, o Guacyara tinha uma grande grelha com lenha e carvão, onde se assavam contrafilés, filés-mignons, entre outros. Ali, já havia um primor pela qualidade do churrasco: a carne só com sal, vermelha no centro, com possibilidade de escolha do ponto bem ou malpassado, tal como no "estilo gaúcho".

Essa ideia de estilo, aliás, presidiria a inauguração da maior parte das churrascarias paulistanas a partir daí. Até os nomes faziam questão de lembrar as coisas do Sul, como a terceira churrascaria de Ferrari, de 1952, a Farroupilha; ou mais tarde a Chimarrão, a Recanto Gaúcho, e outras de proprietários de várias origens, até mesmo gaúchos como os da Poncho Verde, de 1990.

Nos anos de 1960, a moda cresceu bastante com a criação de churrascarias de boa qualidade e preços acessíveis para uso de profissionais que almoçam na cidade. É o caso do Eduardo's, na Nestor Pestana, uma das casas do português Eduardo da Silva, que, a partir de 1967, passou a reunir em torno de suas boas carnes desde executivos até intelectuais e artistas frequentadores da área. Foi também essa a característica da Costela de Ouro, na Rua Piaçanguaba, no Planalto Paulista, inaugurada em 1968 com seus espetos abundantes e de corte saboroso.

O "RODÍZIO", DO PARANÁ A SÃO PAULO

Há bastante tempo que as churrascarias gaúchas fazem o "espeto corrido", mas o hoje chamado rodízio não foi inventado lá nos Pampas. Segundo o especialista e churrasqueiro de mão-cheia Baltazar Di Domenico, da Prazeres da Carne, localizada na Rua Pedro de Toledo, no bairro do Ibirapuera, em São Paulo, "foi um senhor chamado Bertucci, de Curitiba, quem inventou no seu restaurante um sistema de só assar a carne para os fregueses. Cada um levava o que queria comer e ele só assava. Quando o movimento aumentou, a carne era tanta que na hora de servir ele não sabia mais que pedaço era de quem... Um dia ele disse para os garçons: 'põe um pedacinho de cada coisa para todo o mundo'. Os clientes gostaram tanto que passaram a pedir essa maneira de servir".

Inventado o espeto corrido, foi adotado no Sul e logo chegou em São Paulo, com o nome de rodízio. Quem adotou primeiro essa moda, nos anos 1970, foi o próprio Eduardo's. E, logo, muitas churrascarias aderiram: hoje são maioria e se caracterizam pela extrema variedade, até mesmo a das sobremesas.

O SERVIÇO, DA MODA GAÚCHA AO RODÍZIO

Quando se faz uma carne em casa, numa churrasqueira, o bom uso do gaúcho manda deixar primeiro o espeto um pouco mais alto. Uma picanha, por exemplo, depois de uma rápida tostada junto ao fogo, deve ser deixada mais acima, depois virada, e, quando

CAVALEIRO COM BOLEADEIRA,
DE ALDO LOCATELLI

ESTANCIEIRO RICO,
REPRESENTADO PELO ARTISTA
GAÚCHO PAULO MARTINS

estiver bem aquecida, vai para a parte de baixo da churrasqueira. Na hora de servir, a peça toda já está suculenta.

Porém, com a proliferação das churrascarias de rodízio e de sua vasta clientela, as coisas tiveram que mudar, segundo nosso Baltazar Di Domenico. Para ele, na rotina de um salão de churrascaria, a carne tem que ser mantida não muito passada, para não haver perda, uma vez que a maioria dos fregueses prefere ao ponto ou malpassada. "Acontece que ela só vai ficar suculenta depois do terceiro ou quarto corte, já que na velocidade do serviço na hora de casa cheia a carne deve ser colocada no fogo ardente, na brasa sólida, que logo a esquenta por fora. Levada logo ao salão, ela recebe um ou dois cortes superficiais e volta para o fogo; põe-se sal novamente e volta ao mesmo fogo de novo, caso contrário fica muito fria por dentro, muito crua. Então, na verdade, o melhor corte dessa picanha de salão é depois do terceiro ou quarto, porque o primeiro, naturalmente, é mais salgado e menos quente, a melhor parte da picanha começa a ser servida depois do quarto corte, quando toda a carne está suculenta", conclui o mestre churrasqueiro.

MODERNIDADES

As mudanças e modernidades dos restaurantes paulistanos vão mais além. A adoção de espetos rotativos com motores, desde os anos 1980, facilitou a vida dos restaurantes. Desde os anos 1990, várias churrascarias paulistas adotaram por sua vez churrasqueiras em que bicos de gás acesos aquecem pedras. O pioneirismo parece ter sido da Barbacoa, localizada na Rua João Cachoeira, no Itaim Bibi.

Claro que nem todo mundo concorda com essas técnicas, menos ainda os gaúchos tradicionalistas. Antonio de Mesquita Galvão (Recanto das Letras, 2006) reage bravamente contra coisas como as churrasqueiras a gás e outras modas "vindas de fora": "O odor da carne assada não é mais sentido! E os espetos rotativos... Eu sempre disse e agora confirmo: assar churrasco nessas máquinas é para quem não é 'do ramo'. Além disso, paulistas, cariocas e mineiros são metidos a higiênicos. Nessa paranoia da higiene, eles não admitem que você espete seu garfo na carne, enquanto o garçom corta o pedaço desejado. Eles inventaram umas tenazes, tipo pega-gelo, que vem junto com os talheres individuais, para que cada um toque sua carne."

UM CHURRASQUEIRO QUE VEIO DE LONGE

Algumas das churrascarias paulistas importaram churrasqueiros do Sul. Cidades no interior do Rio Grande do Sul, como Passo Fundo e Nova Bréscia, são vistas como verdadeiros celeiros de mestres do churrasco. Mas alguns profissionais vieram não só de Porto Alegre ou do estado do Rio Grande, mas também de outros lugares do Sul que sofriam influência da maneira gaúcha de assar a carne. É o caso, por exemplo, de Ponta Grossa, no Paraná, aonde havia algumas casas que assavam no estilo gaúcho, uma delas, a Marabá, era famosa até na capital paranaense, Curitiba, por sua carne de excelente qualidade.

Um belo dia do final dos anos 1960, veio dar com os costados por lá um jovem chamado Manoel Pereira, vindo do sertão do Ceará. Era o famoso "Pereirinha", hoje um dos churrasqueiros mais importantes do restaurante Boi na Brasa, na Rua Marques de Itu, no centro de São Paulo.

No final de sua adolescência, vivendo uma vida difícil e dura, passando fome no sertão do Ceará, sua mãe lhe disse: "Filho, para você trabalhar e ter uma vida decente, tem que ir embora daqui. E vá trabalhar em um restaurante, pois isso é uma garantia de que você nunca vai morrer de fome."

Na Churrascaria Marabá, Pereirinha aprendeu o ofício. Em 1972, migrou para Sampa e acabou vindo para a Estância, no Largo do Arouche. Saindo dali, depois de algum tempo na Hélio's Churrascaria, no Guarujá, Pereirinha foi para o Boi na Brasa. O "Boi" foi criado em 1970 por Francisco Dória Sobrinho e, logo, se instalou na rua Marquês de Itu, onde ocupa até hoje dois endereços muito frequentados. No primeiro deles, reina também a figura de churrasqueiro do Muchacho, famoso pela habilidade e simpatia.

SEGREDOS TÉCNICOS

Nesse processo, nosso Pereirinha aprendeu uma série de

149

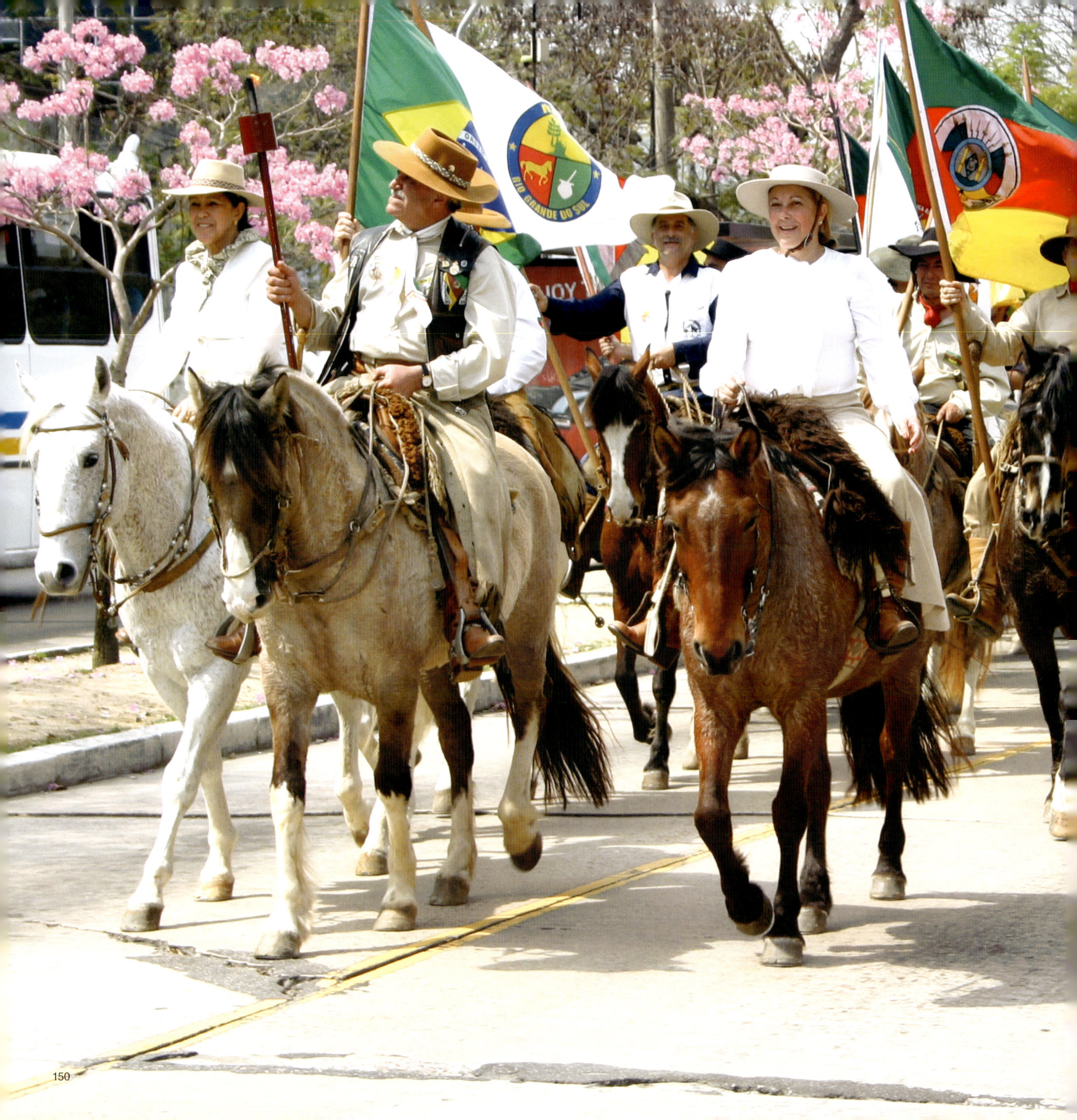
RIO GRANDE DO SUL

A REVOLUÇÃO FARROUPILHA DE 1835 É UM ACONTECIMENTO FUNDAMENTAL NA AFIRMAÇÃO DA IDENTIDADE DOS GAÚCHOS

técnicas importantes na História de como se faz o churrasco. Lá no Sul, quando ele chegou, o corte era feito da seguinte maneira: pegava-se o traseiro, que era serrado direto, junto com a costela, dos dois lados da espinha, e esse corte abrangia um pouco da maminha, um pouco do contrafilé, um pouco do filé e a própria costela. Na verdade, essa costela, às vezes, ficava dois dias na salmoura e depois era cruzada no espeto e levada para um fogo, que era só de lenha. Esta madeira aos poucos ia formando gases, e a carne era deixada por horas até que se transformasse numa maravilhosa costela – que, na verdade, tratava-se boa parte do traseiro com algumas carnes nobres.

PICANHA, RAINHA DO CHURRASCO

Até os anos 1970, os brasileiros dos grandes centros e do Rio Grande do Sul achavam que churrasco bom era de filé-mignon, contrafilé e miolo da alcatra. Hoje, não hesitam em exigir "uma boa picanha". Macia, suculenta e saborosa, a picanha é a preferida, principalmente em São Paulo (a tal ponto que ali são assadas 150 toneladas dela por semana). Ora, como nos explica István Wessel, cada boi só tem duas picanhas de no máximo 1,5 kg cada, ou seja, 1% do peso médio de carne aproveitável de um boi gordo (300 kg).

Não é difícil fazer a conta e perceber que há de se ter 50 mil animais abatidos na semana, só para atender a demanda de picanhas! Isso se tornou possível, em primeiro lugar, porque só no Brasil se come essa parte do boi chamada picanha, que vem do músculo da anca que se move pouco com o movimento, sendo assim menos rijo. Os argentinos desprezam-na como pouco importante e a chamam de "tapa de cuadril". Assim, boa parte das picanhas que comemos vem da Argentina, país, como o nosso, grande exportador de carne para a Europa, mas que se fixou no fornecimento apenas do filé, do contrafilé e do miolo de alcatra, e que, portanto, acaba por nos vender a "tapa" como excedente da produção.

BABY PIGNATARI E A PICANHA

Tudo teria começado em São Paulo no final dos anos 1970. Segundo a versão corrente mais aceita nessa história, o notório industrial e boêmio Baby Pignatari (1917-1977) chegou certo dia

BISTECA DE CONTRAFILÉ DO SUJINHO

T-BONE EM PREPARAÇÃO NO RESTAURANTE DINHO'S PLACE

para comer na antiga Churrascaria Bambu, perto do aeroporto de Congonhas. O churrasqueiro, que era portenho, ofereceu-lhe uma carne que havia chegado por engano da Argentina, uma tal "tapa de cuadril". Baby gostou e perguntou onde ficava no corpo do boi aquele pedaço. E o churrasqueiro: "Se queda en la parte donde se pica la aña", ou seja, a parte da anca onde os vaqueiros cutucam o boi com um objeto pontiagudo para reconduzi-lo ao caminho certo. Pronto, o nome picanha pegou a partir dali.

DA VENDA DE MIÚDOS AOS CHURRASCOS GRAÚDOS

Quem confirma essa história do Baby Pignatari é Marcos Guardabassi. Sua churrascaria Bassi, na Rua 13 de Maio, faz páreo com a Dinho's Place quando se trata de alta qualidade na matéria-prima do churrasco. Na verdade, Marcos tinha preocupação com a matéria-prima desde garotinho, há mais de 50 anos, quando, aos 8 anos de idade, ele e sua mãe vendiam de porta em porta miúdos de boi como rins, buchos ou dobradinhas, rabos e línguas.

Aos 13 anos, conseguiu alugar uma pequena banca no Mercado Municipal da Cantareira. Ele vendia miúdos para muitos restaurantes do Centro da cidade, pois, na época, pratos como Fígado à Veneziana, Dobradinha à Moda do Porto, Língua ao Madeira com Purê eram corriqueiros nos cardápios paulistanos. Assim, conseguiu recursos para abrir, em 1962, uma casa de carnes na Rua Humaitá, no Bixiga.

Inovador, Marcos começou a churrasquear pedaços de carne aos sábados para a vizinhança. Logo depois, passou a fazer sanduíches de carne na grelha, linguiças e outras delícias para vender aos transeuntes e aos alunos de uma escola próxima. Com o tempo, passou a se preocupar com os cortes da carne, indo a consulados para obter informações sobre a maneira como outros povos usavam a carne bovina. Esses estudos, complementados por viagens ao exterior, lhe permitiram ter uma visão muito precisa da qualidade dos cortes da carne, desenvolvendo o conceito de "carnes nobres" e a técnica de maturação a vácuo das peças. Ao abrir, em 1988, a Churrascaria da Rua 13 de Maio, já tinha influência sobre criadores e fornecedores. Carnes como o bombom, do miolo da alcatra, além de boas picanhas e costelas, são suas "pièces de resistance", e seus programas na TV, divulgando essa qualidade, complementam o seu sucesso.

TRADIÇÃO DE BOM GOSTO

Fuad Zegaib é um nome bem conhecido entre os profissionais de gastronomia, mas o público só conhece pelo seu apelido, Dinho. De fato, o Dinho's Place é uma legenda quando se trata de churrasco em São Paulo.

Dinho tem orgulho quando conta que, tendo começado em 1960 com um estabelecimento de lanches e restaurante, logo percebeu as potencialidades de um churrasco de alta qualidade. Em um ano, montou as grelhas e a churrasqueira com bons recursos técnicos e entrou em contato com a Swift, que fornecia as carnes. Logo, passou a sugerir à Swift os cortes especiais, que ninguém ainda usava em São Paulo: o T-Bone foi um de seus carros-chefes.

Estabelecido na mesma Alameda Santos, onde está até hoje, Dinho criou um bufê de saladas para acompanhar as carnes, gesto logo imitado pelas outras churrascarias da cidade. Segundo ele, a picanha foi trazida por ele próprio ao mercado paulistano já no final dos anos 1960, contrariando a versão de que foi um achado de Baby Pignatari. Pioneiro ou não, a verdade é que a picanha do Dinho's é uma unanimidade de sabor e textura.

UMA BISTECA COM PATENTE E EXCLUSIVIDADE

O Sujinho Bisteca D'ouro nasceu como bar sem nome no início dos anos 1960, na esquina da Rua Consolação com a Maceió, onde está hoje sua sede mais antiga. Na época, a Consolação era repleta de bares, boates, alguns restaurantes e, principalmente, de mulheres da noite, na chamada Boca do Luxo. Como se mantinha aberto até altas horas da madrugada, algumas dessas moças iam lanchar por ali – não é à toa que ele chegou a ser apelidado de Bar das Putas.

Na verdade, artistas e estudantes que frequentavam os tradicionais bares Riviera, na Rua Consolação com a Avenida Paulista, e Do Zé, na Rua Maria Antonia, eram o principal público das 24 mesinhas do apertado salão do Sujinho. Especialmente, quando

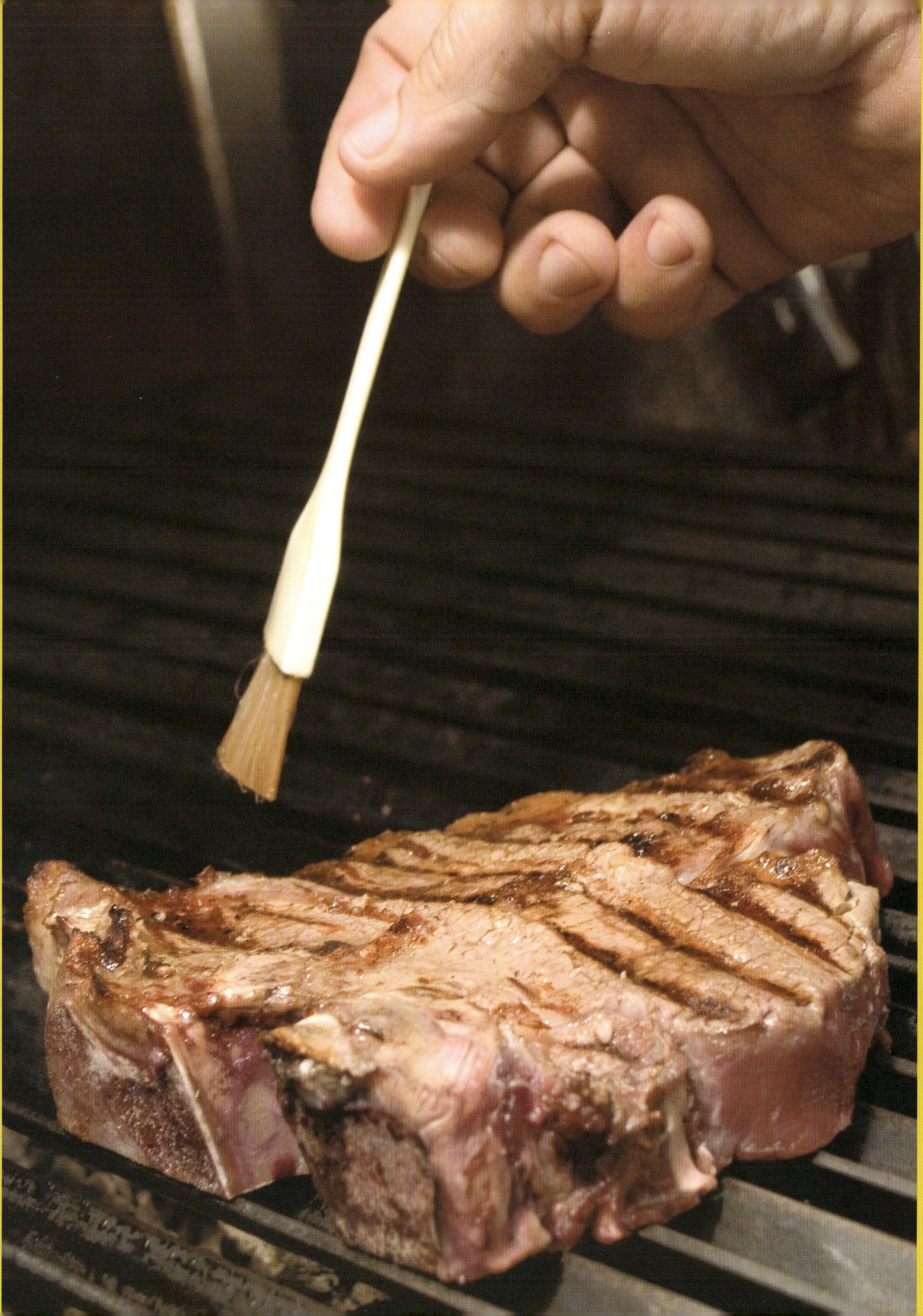

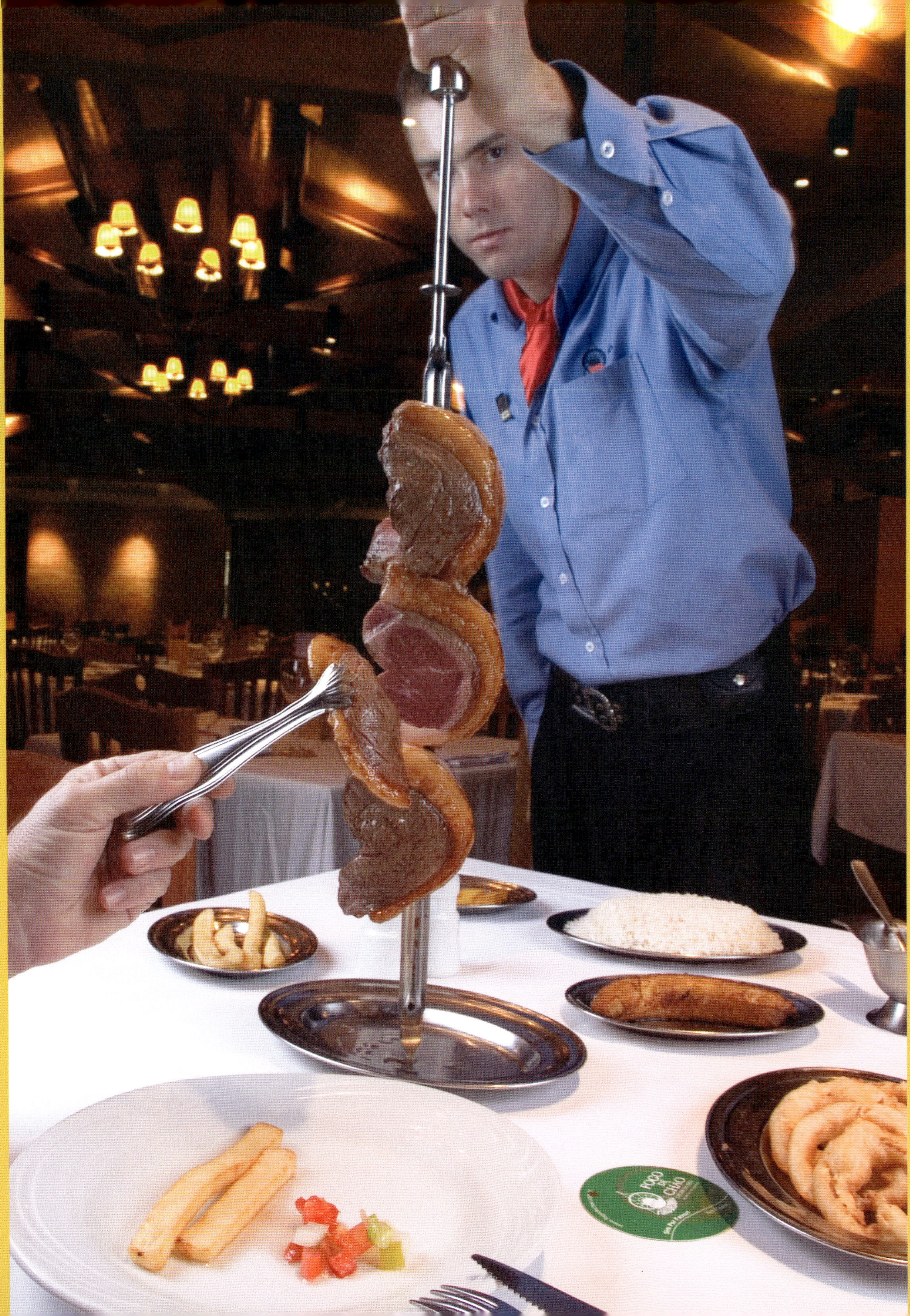
FOGO

PICANHA SERVIDA NO RESTAURANTE
FOGO DE CHÃO, EM SÃO PAULO

REPRESENTAÇÃO DE GAÚCHOS PROVANDO
CHIMARRÃO EM ANTIGA ESTÂNCIA

seus proprietários, dois portugueses conhecidos como o "Antônio Careca" e o "Antônio Cabeludo" resolveram colocar na grelha excelentes pedaços de contrafilé. A demanda por churrasco cresceu, e os donos resolveram assar e servir um corte especial com osso, que é a bisteca de contrafilé.

O sucesso foi tão grande que esta bisteca foi adotada como corte peculiar do restaurante. Seu Lima, maître que há muito tempo trabalha no Sujinho, se recorda que, nos anos de 1960, a carne era cortada especialmente no açougue Miami da Rua Guaianazes; e fora assinado um compromisso em cartório para que eles não vendessem esse corte de carne para mais ninguém além do Sujinho. Assim, essa bisteca ficou com uma espécie de "patente": mesmo depois de 1994, quando as compras passaram a ser feitas na Marfrig, em Mato Grosso, manteve-se o compromisso da exclusividade. Desde o final dos anos de 1980, os "Antônios" venderam a casa para outros dois portugueses, os "Afonsos", que já abriram mais três casas, duas junto da primeira e mais uma na Avenida Ipiranga.

Essa característica do Sujinho de ficar aberto quase o dia e a noite toda (fecha só às 5 da manhã e abre às 11) e de ter essa carne especial e saborosa, acabou transformando-o num restaurante muito mais procurado por todo mundo a qualquer hora. Tornou-se muito comum encontrar líderes sindicais sentados em mesas próximas de políticos, intelectuais e atores na noitada de muita carne dessa churrascaria.

DO SUL PARA SÃO PAULO E PARA O MUNDO

Como São Paulo se tornou nas últimas décadas uma espécie de capital gastronômica brasileira, ela passou também a ser a Meca de churrasqueiros de sucesso. O "boom" das churrascarias Fogo de Chão também passaria por aí.

Os irmãos Arri Coser e Jair Coser saíram em 1975 de seu vilarejo na Serra Gaúcha com uma disposição danada de inventar novos jeitos de fazer churrasco. Só que, ao chegar a Porto Alegre, tiveram a melhor das ideias. Ao invés de inventar o "novo", resolveram recuperar o mais antigo: o jeito dos "índios velhos" de fazer churrasco sobre o buraco com brasas no chão, que é o começo de toda esta história. Só que, é claro, com qualidade. Em 1979, estabelecidos primeiramente no bairro da Cavalhada, os irmãos surpreenderam com seus cortes especiais como a alcatra com maminha e o bife ancho, e a beleza apetitosa dos seus espetos cruzados sobre o braseiro.

O prestígio cresceu rápido, e os irmãos vieram para São Paulo, em 1986, estabelecendo-se primeiro na Avenida Moreira Guimarães, bem pertinho do Aeroporto de Congonhas. Até parece que essa escolha foi planejada: ficar próximo do aeroporto para decolar para outros países. De fato, depois de abrir mais uma grande casa na região paulistana de Santo Amaro, os Coser inauguraram em 1997 a primeira churrascaria gaúcha dos Estados Unidos: a Fogo de Chão da grande cidade texana de Dallas.

Isso pegou de tal maneira no mercado norte-americano que hoje a rede já tem nada menos que 10 churrascarias ali: em Houston, Atlanta, Chicago, em Washington, Beverly Hills, Philadelphia, Minneapolis e outras cidades. E a moda cresceu tanto que outros brasileiros estão na mesma seara de expansão internacional, como a rede Porção.

CHURRASCO INTERNACIONAL DE CARIOCA

E quem disse que carioca não gosta muito de churrasco? Logo que outros dois irmãos gaúchos, Waldir e Neodir Mocellin, abriram, em 1975, a primeira churrascaria Porção Rio de Janeiro, ela chamou a atenção não só por suas dimensões e variedade, como por trazer para a cidade o sistema de rodízio. Rapidamente, ela se espalhou pela cidade, atingindo Ipanema, Barra, Ilha e Niterói.

Logo, o grupo Porção percebeu a importância de uma atuação internacional – em 1996, abriu uma casa em Miami com vista para uma bela baía e, em 2006, uma sofisticada e elegante churrascaria em Nova Iorque. Há projetos também para filiais na Europa. Apesar do nome carioca e bem-humorado de um grande suíno, o Porção é acima de tudo um grande distribuidor das delícias do velho e bom churrasco bovino, como se faz desde os velhos tempos do Pampa gaúcho.

por ricardo maranhão.

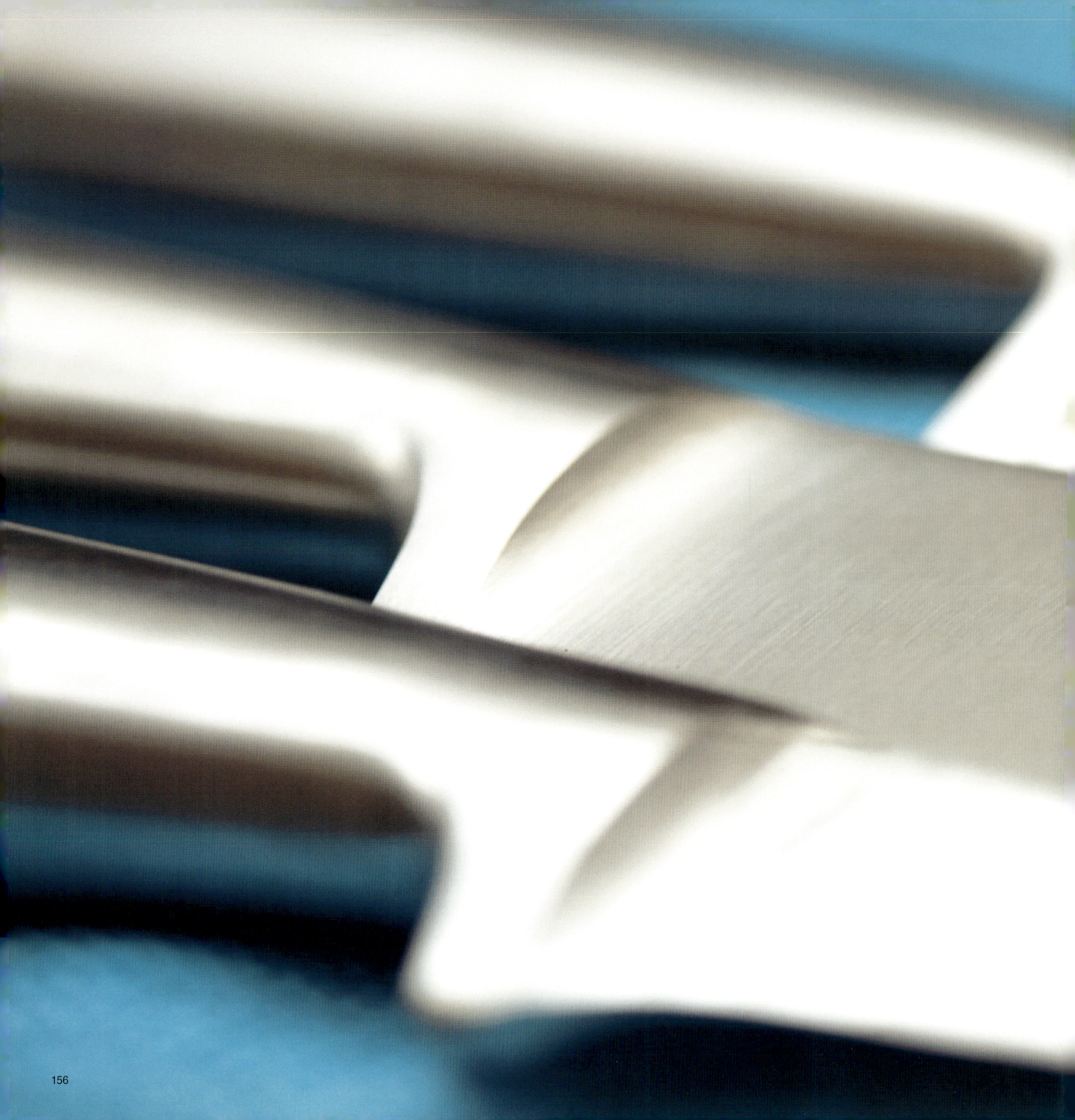

GLOSSÁRIO

Alcatra

É uma peça grande que de um lado se limita com a coxa do boi, especificamente com o coxão duro e o patinho, e do outro com o contrafilé, ou seja, com o lombo do boi. Do seu desmembramento resultam cinco subcortes: maminha (também conhecida como rabo da alcatra); picanha; baby-beef; top sirloin (também conhecido como bombom ou olho da alcatra) e tender steak (também chamado steak do açougueiro), uma tira de apenas 150 g considerada a carne mais macia de todo o boi.

Aponevroses

Membrana esbranquiçada, fibrosa e resistente que envolve os músculos, terminando-os, em certos casos, à guisa de tendão. É preciso retirá-las antes de preparar a carne.

Boleadeira

Um utensílio de caça composto de bolas metálicas ou pedras arredondadas amarradas entre si por cordas tendo em cada uma das extremidades uma das bolas, muito utilizado pelo gaúcho para caçar nas grandes pradarias do pampa rio grandense, uruguaio e argentino. Era lançada nos pés do animal enquanto ele corria, causando-lhe assim a queda e possibilitando ao caçador ir ao local e matar o animal.

Carne

Porção comestível dos animais. O mesmo que músculo para a Ciência.

Carne de "Primeira"

Produto resultado de um boi de boa qualidade, com características apropriadas para alimentação.

Carne de "Segunda"

Alimento provindo de um boi de qualidade inferior, que se desenvolveu sob más condições ambientais e de alimentação.

Carne-Seca

Carne de boi salgada e seca ao sol.

Chaira

Utensílio metálico usado para manter o fio da faca.

Corte

Talho na carne de gado, feito em açougue ou matadouro, para que se separe as partes do boi, levando em consideração suas características genuínas.

Costela

É a carne preferida dos gaúchos, que assam as peças inteiras no fogo de chão. Uma peça inteira de costela (completa, como é chamada) pesa, em média, mais de 20 kg. É o corte com maior variedade de texturas, sabores e aromas dentro de uma mesma peça. Tem uma generosa camada de gordura e fibras longas.

Cupim

É a corcova do boi Zebu. Nel, fibras e gordura se entrelaçam. É saboroso e muito usado em churrasco. Exige um longo tempo de cozimento.

Entrecôte

Denominação francesa para corte de carne de boi, muito macio, conhecido no Brasil como contrafilé. A peça é retirada do lombo, próximo às costelas do boi.

Fandango

Canções e danças típicas do Rio Grande do Sul de roda de adultos, com predominância de sapateado e acompanhada de músicas, em que se alternam estrofes com refrão.

Fibra
Estrutura filamentosa, sob forma de feixe, encontrada nos tecidos do boi.

Filé-Mignon
É o músculo menos exigido em toda a movimentação do boi. Por isso é uma carne tenra, muito apreciada no mundo inteiro tanto em receitas grelhadas, quanto assadas no forno ou feitas na panela. Pouco entremeada de gordura, tem sabor mais neutro que combina bem com vários tipos de molhos.

Fogo de Chão
Típico modo gaúcho de assar a carne, iniciado nos tempos em que os peões das estâncias faziam o deslocamento dos animais para os locais de abate ou em busca de novas pastagens. Nos momentos de descanso e alimentação, abatiam um dos animais, cavavam um buraco no chão e com galhos de árvores faziam espetos nos quais colocavam pedaços de carne salgada para assar no fogo. Quando a carne atingia o ponto desejado, todos se serviam cortando fatias tiradas diretamente do espeto.

Fraldinha
É a peça de carne que une a lateral da costela à perna traseira do boi. Na verdade é uma peça só, que se chama fraldão. Os frigoríficos brasileiros adotaram um corte que separa o fraldão em duas metades no momento de retirar a costela. O resultado é a obtenção de duas "fraldinhas".

Glutamato de Sódio
Tempero branco e cristalino que realça o sabor natural da comida, sem emprestar gosto algum.

Grelhar
Assar na grelha, a cerca de 20 cm da brasa.

Maminha
Tirada da peça inteira da alcatra, é muito macia e suculenta. Boa para assados e churrascos em geral. Pesa, em média, 2 kg.

Marinada
Salmoura ou molho condimentado para temperar ou amaciar carnes.

Marmoreada
Carne entremeada por bastante gordura.

Picanha
Peça triangular do alcatra bovino, com camada de gordura, sabor acentuado, própria para grelhar, assar e fazer churrasco.

Prime Rib
Corte especial da costela de bovino que abrange o Bife de Ancho e o Bife de Chorizo.

Quarto Traseiro
Parte posterior do boi onde se localizam os principais cortes para churrascos, com carnes mais macias, uma vez que a região é menos utilizada para sua locomoção.

Quarto Dianteiro
Resulta da subdivisão da meia carcaça, após a retirada do quarto traseiro, onde se localizam as carnes mais rígidas do boi.

Selar
Posicionar a carne crua sob fogo bem intenso, evitando que o suco se perca.

Suco da carne
Caldo com propriedades nutritivas que se extrai da carne por meio de pressão, sucção ou outro processo.

T-Bone
Um tipo de corte de carne bovina. Ele consiste em um osso em formato de "T" com carne dos dois lados. O lado maior é contrafilé, e o lado menor é filé-mignon.

ANDRÉ BOCCATO

Paulista, estudou Arquitetura, mas tornou-se fotógrafo e jornalista, atuando em vários veículos da imprensa nas décadas de 1970 e 1980.

Fundou sua primeira editora em 1980, publicando literatura e fotografia. Foi professor de Jornalismo na PUC-SP e na ECA-USP, presidente da União dos Fotógrafos do Estado de São Paulo, diretor de fotografia do Centro Cultural São Paulo e professor de Antropologia da Alimentação na Universidade Estácio de Sá.

Atuou como diretor-geral das Oficinas Culturais Oswald de Andrade e como diretor do MIS – Museu da Imagem e do Som do Estado de São Paulo. Também fundou a primeira fotogaleria de arte no Brasil, a Collector's.

A partir da década de 1990, migrou para a gastronomia e fundou a Editora Boccato – Mundo Gourmet, com mais de 200 títulos nas áreas de gastronomia e turismo cultural. Ganhador de prêmios, como Jabuti e Gourmand World CookBook Awards. Como chef de cozinha, notabilizou-se por eventos internacionais de promoção da gastronomia brasileira. Representou o Brasil em feiras internacionais em Frankfurt, Paris, Berlim, Milão, Dubai, Colônia, Medellin, entre outras.

Coordena o programa Cozinhando com Palavras na Câmara Brasileira do Livro e na Flip.

Foi consultor técnico da Nestlé Profissional, Grupo Bertin, Vigor, Bimbo, e outras empresas alimentícias. Coordenou o Observatório da Gastronomia da Prefeitura de São Paulo.

É autor de mais de 40 livros na área de gastronomia (dentre eles o premiado livro *Os Banquetes do Imperador*).

Atualmente dirige seu espaço de eventos multiculturais, o LeBoccato/Theatro do Gosto. E coordena a Escola Mantiqueira de Gastronomia.

Lista de livros de gastronomia de André Boccato como autor:

- Os Banquetes do Imperador
- Comer Bem e com Saúde
- Imunidade com Sabor
- Cozinhando Fácil com Grandes Marcas
- Bolos de Avó
- Sopas de Avó
- Torta de Avó
- Pudim de Avó
- Massas Gourmet
- Atelier Risotos
- Atelier Azeites
- Comer Bem com Iogurtes
- Churrasco – Uma Paixão Nacional
- Receitas Saborosas com Carnes
- Receitas Saborosas com Peixes
- Receitas Saborosas com Aves
- Receitas Saborosas Vegetarianas
- Receitas Saborosas para Brunchs
- Receitas Saborosas para Saladas
- Bolinhos Divertidos
- Atelier Quiches
- Atelier Cupcakes
- Risotos Fáceis
- Dieta Light com Iogurte
- O nosso peixe de casa dia
- As Chefs
- Receitas para os Grupos Sanguíneos
- Hoje é Dia de Feira
- Marmita Chic e Saudável
- O Pão Caseiro
- Minibolos para Lanches
- Atelier Muffins
- Atelier de Receitas – Brigadeiros
- Atelier de Receitas – Entradinhas
- Terrines – Coleção CookLovers
- Doces Receitas para Fazer a Dois
- Mini Quiches e Tortas – CookLovers
- Receitas Festival Dako
- Sabores Marcantes com Pilão
- Receitas com Farinha Dona Benta
- Retrobooks Vintage Labels
- Receitas com Arroz Tio João
- Receitas Especiais Pão de Açúcar
- Receitas para Grupo Bimbo Rap 10
- Receitas com Sonho de Valsa